優れたリーダーはみな小心者である。

荒川詔四

ダイヤモンド社

はじめに

一流のリーダーは、「繊細さ」を持ち合わせている

優れたリーダーはみな小心者である。

本書のタイトルを見て、「そんなわけがないだろう」と思われた方も多いのではないでしょうか？　しかし、私はふざけているわけではありません。株式会社ブリヂストンに身を置いて、四十余年にわたってグローバル・ビジネスの最前線で戦った経験を振り返りつつ、そう確信しているのです。

一般に、優れたリーダーは、周囲を威圧するようなオーラを放ち、普通の人にはできないことを大胆にやってのける「図太い人物」というイメージが

あるかもしれません。たしかに、ここぞという局面で腹をすえた決断ができることはリーダーの条件。ときには周囲の反対を押し切ってコトを成し遂げる豪胆《ごうたん》さも求められるでしょう。

しかし、単に神経が図太いだけでは、真の意味で優れたリーダーになることはできません。むしろ、逆です。実際、私がこれまで接してきた一流のリーダーはみな、「繊細さ」を持ち合わせていました。

周囲の人々に細やかに気を配り、常にリスペクトの気持ちを忘れない。心配性だからこそ細部まで徹底的に自分の頭で考え抜き、臆病だからこそあらゆるリスクに備えて万全の準備を怠らない。だからこそ、いざというときに決然とした意思決定を下すことができる。そして、その決断を支持する人たちの力を借りながら難局を乗り越えていくのです。

「繊細さ」を束ねて「強靭なリーダー」になる

いわば、細やかな神経を束ねて図太い神経をつくる。

これこそが、真に強靭《きょうじん》なリーダーになる秘訣なのです。つまり、「繊細さ」「小心さ」は短所ではなく長所だということ。これらの内向的な性質をコンプレックスとして捉えるのではなく、「武器」として活かすことができる人が優れたリーダーへと育っていくのです。

私自身、かつては自分の「繊細さ」にコンプレックスを感じていました。もともと引っ込み思案で、人付き合いも得意ではない性格。大学では美術部に所属して、黙々と油絵を描くのが好きなおとなしい学生でした。そして、「ブリヂストン美術館」（現アーティゾン美術館）があるような会社だから、きっと〝文化的な会社〟に違いないと思い込んで、1968年にブリヂストンタイヤに入社。これが大いなる勘違いでした。

いざ入社してみると、文化や芸術の繊細な世界とはかけ離れた、荒々しい職場だったのです。野武士のような雰囲気の先輩が闊歩《かっぽ》する社内で、痩せてひょろひょろだった私は気圧《けお》されるばかり。「ここでやっていけるのか」と頭を抱える毎日でした。

入社2年目に学んだリーダーの基本

転機が訪れたのは入社2年目。

大学でタイ語を学んでいたことが評価されたのでしょう、当時、立ち上げの真っ只中にあったタイ・ブリヂストンの工場に配属。赴任後しばらくして、「タイ人従業員による在庫管理が混乱しているので正常化してくれ」と上司に指示をされた私は、在庫管理の改革に取り組むことにしました。とはいえ入社2年目、何の肩書もないペーペーです。「舐められたらダメだ」。そう気負った私は、無理して強い姿勢で彼らに改善を要求。これが、思いもよらないトラブルを生み出しました。

タイ人従業員の猛烈な反発を食らったのです。こちらとしてはスジの通った指摘をしているつもりなのに、全く言うことを聞いてくれない。それどころか、「若造のくせに威張りやがって、なんだコイツは」という態度をあからさまに取られる始末。在庫管理が適正化するどころか、職場が機能不全に陥りかけたのです。

困り果てた私は、上司に泣きつきました。

ところが、工場は24時間稼働が始まったばかりですから、まさに戦場のような忙しさ。多忙を極める上司たちも相手にしてくれない。「それはお前の問題だろう？　お前が自分の仕事ができていないだけだ」と突き放されてしまいました。しかも、私自身、日常業務だけでも手いっぱい。毎日夜中まで残業しながら、在庫管理の問題まで抱え込んでしまったわけです。

正直、心が折れそうになりました。「もう辞めたい」とまで思いましたが、当時は国際航空運賃が非常に高額だったので、日本に逃げ帰ることもできません。「なんとかするしかない」。追い詰められた私は、そう腹をくくるほかなかったのです。

「なぜ、うまくいかないのか？」。私なりに懸命に考えました。

そして、頭ごなしに仕事を否定されて、反発を感じない人間などどこにもいないという当たり前のことに気づきました。そこで、こちらから現場に出向き、一人ひとりと丁寧なコミュニケーションを取り続けました。そして、

「もっといい方法で在庫管理をすれば、みんなの仕事もラクになる」と提案。「そのためにはどうすればいいか？」を一緒になって考え、率先して身体を動かし、汗をかきました。

しばらくは相手にしてもらえませんでしたが、彼らも徐々に「日本から来た生意気な野郎も、やっとわかったか」と態度を軟化。仲間に入れてくれるようになりました。そして、私が思い描いている在庫管理の理想形にも共感を寄せてくれ、それ以降は、うるさく言わなくても彼らが主体的に改革を進めていってくれるようになったのです。

彼らの姿を見ながら、目から鱗《うろこ》が落ちる思いでした。

リーダーシップとは、相手を無理やり動かすことではない。そんなことをしても反発を食らうだけ。それよりも、魅力的なゴールを示して、メンバーの共感を呼ぶことが重要。そして、メンバー一人ひとりの主体性を尊重することで、チームが自然に動き出す状況をつくる。こうして結果を生み出していくことこそがリーダーシップ。そのためには、相手の気持ちを思いやる「繊細さ」こそが武器になるのだ、と気づいたのです。

世界中でリーダーシップの基本は変わらない

あれから四十余年――。

私は、タイ、中近東、ヨーロッパに駐在するなど、主に海外でキャリアを積んできました。タイヤは国際規格商品ですから、参入障壁など一切ありません。〝Cut Throat Business（喉をかき切るビジネス）〟といわれるように、世界中のメーカーが〝食うか食われるか〟の熾烈《しれつ》な戦いを繰り広げるタフな世界です。そして、〝食われる〟のは事業規模で劣る者。だから、世界トップシェアを握らなければ生き残れない。この会社の大方針を実現すべく、先兵として私なりに全力を尽くしました。

そして、2005年にフランスのミシュランを凌いで、ブリヂストンはついに世界トップシェアを奪還。その翌年、私は社長に就任して、世界約14万人の従業員のリーダーとして、会社の舵取りを任されることになりました。

入社当時は、日本市場での売上が大半を占めていましたが、この頃には、売上の8割強が海外、従業員の4分の3が外国人というグローバル企業に成長。日本企業としては最も速くグローバル化した企業だったこともあり、社長を拝命して身が引き締まる思いがしたものです。

社長就任時に、私が掲げたのは「名実ともに世界ナンバーワン企業になる事業基盤をつくり上げる」ということ。在任中には、リーマンショックや東日本大震災など想定外の苦難に遭遇し、上場以来初の赤字転落の危機も経験しましたが、全従業員の協力のもと数々の改革を断行。「名実ともに世界ナンバーワン」となるための基本条件であった、当初からの定量目標「ＲＯＡ（総資産利益率）６％」を達成することができました。

この間、私は実にさまざまな組織のリーダーを務めてきました。

ひとり海外事務所長、部下10人前後の課長、部下数十人の部長を経て、タイ現地法人ＣＥＯ時代は数千人、ヨーロッパ現地法人ＣＥＯ時代は1万数千人、本社社長就任後は約14万人の部下をまとめてきました。アジア、中近東、ヨーロッパなど人種もさまざまなら、仏教、ヒンズー教、イスラム教、キリスト教など宗教もさまざま。まさに多様性の坩堝《るつぼ》で揉まれてきたのです。

しかし、どんな組織であっても、リーダーとしての基本は1ミリも変わりませんでした。入社2年目のときに、タイ人従業員に教えてもらったこと、すなわち、誰もが共感する理想を掲げ、メンバーの主体性を徹底的に尊重することに尽きるのです。そのために、メンバーの気持ちを繊細に感じ取りながら、丁寧なコミュニケーションを重ねる。これが、すべての基本なのです。

いや、組織が大きくなるほど、構成メンバーの多様性が高まるほど、この基本を外れると組織は機能不全に陥ります。小さな組織であれば、メンバーに無理やり言うことを聞かせることも可能かもしれませんが、組織が大きくなるとそうはいきません。また、国や地域によって歴史、文化、商習慣は異なりますから、その事情を勘案《かんあん》せず一方的に目標を課しても反発を食らうだけ。単に豪胆なだけでは、とてもリーダーは務まらないのです。

「小心者」でなければ生き残れない

それだけではありません。

現代のような変化の激しい時代には、「繊細」で「小心」なリーダーこそが力を発揮します。

いちはやくグローバル競争に突入したタイヤ業界がまさにそうでしたが、広い世界ではいつ何が起こるかわからないからです。突然、新興国の企業が安価な商品を投入してくるかもしれませんし、巨大企業がM&Aでシェアを一気に高めるかもしれない。臆病な目で世界の動向を見つめ、あらゆるリスクに備える小心さがなければ、アッという間に足をすくわれてしまうのです。

また、世界の変化を真っ先に感じ取っているのは、現場の最前線で働いているメンバーです。彼らが感じ取っている微細《びさい》な変化が、いかにスムースに経営層まで届くか。そして、経営と現場で意思疎通を図り、いかに最適な対応策をスピーディに打ち出すことができるかが、勝負を分けるのです。

社長室にふんぞり返って、幹部の心地よい報告だけを聞き、人事権を振りかざして組織を動かしていると勘違いしている、鈍感なリーダーでは話にならないということです。

リーダーシップこそ人生を楽しむ秘訣

ただし、もちろん単に小心なだけではリーダーは務まりません。

ここぞという局面では腹をすえた決断をしなければなりませんし、ときには周囲の反対を押し切る豪胆さも求められます。重要なのは、細やかな神経を束ねて図太い神経をつくること。そのためには、どうすればよいか？ その秘訣を、私の経験をご紹介しながらまとめたのが本書です。

とはいえ、本書はいわゆるノウハウ書ではありません。そもそも、座学でいくらノウハウを蓄積したところで、リーダーシップが身につくはずがありません。リーダーシップは実学。さまざまな経験をしながら、身体でつかみ取っていくほかないものなのです。

だから、私が語りうるのは、ビジネスにおいて遭遇するさまざまな状況において、「これだけは守らなければならない」という原理原則のみ。読者の皆様には、それを参考にしながら、現実に遭遇する状況に全力で対処していただくほかありません。しかし、その過程で、必ずや、細かい神経を束ねて図太い神経をつくっていくことができると確信しています。

私は、リーダーシップこそが、仕事と人生を楽しくすると考えています。みんなが共感する理想を掲げ、みんなで知恵を出し合って、ともに汗をかいて結果を出す。そのプロセスが楽しいですし、ゴールにたどり着いたときにはメンバーとの間に絆が生まれます。それは、かけがえのない経験です。

もちろん、リーダーシップを発揮するためには、リスクを冒す勇気も必要です。しかし、たかだか1㎡のデスクにかじりついて、命じられた仕事をこなしているだけでは、人生つまらないではないですか。しょせんは仕事です。たとえ失敗したとしても、命まで取られるわけではありません。それに、ビジネスにおいて解決不可能な問題など絶対にありえないのです。

だから、勇気を出して一歩踏み出してほしいと願っています。

そこから、皆さんの豊かな人生が始まるのです。

2017年9月

荒川詔四

優れたリーダーはみな小心者である。◉目次

「しょうがないヤツ……」というレッテルを貼られたら勝ち

上司から「１００％の納得」を勝ち取ろうとするな

「重要な提案」をするときは、ひとりでトップに会いに行く

第2章 「臆病者」しか生き残れない

6 「人格者」をめざすな。

「人格者」ぶってみたところで、周囲には〝馬脚〟は丸見え

部下を責め立てるのは「合目的的」ではない

「報告」とは、「トラブルを報告すること」である

「合目的的」であることに徹すれば、リーダーシップは生まれる

［装　丁］奥定泰之
［編集協力］稲田豊史
［ＤＴＰ］ＮＯＡＨ
［校　正］三森由紀子
［編　集］田中　泰

第1章

「小心な楽観主義者」が最強である

1

Leadership

誰かを「指導」するなどという不遜な考えを捨てる。

「指導」する前に、絶対に押さえておくべきこと

リーダーシップとは何か？

辞書を引けば、「指導者としての能力・資質」（『大辞林』三省堂）と記されています。しかし、指導者として「誰か」を指導するためには、その前提として絶対に押さえておくべきことがあります。

それは、目の前にある困難を誰かのせいにしたり、環境のせいにしたりしないということ。現状に問題があるならば、まず真っ先に自らの対応に問題がなかったかを真《しん》摯《し》に省みる。そして、解決策に知恵を絞り、率先して行動をする。これができない人が、「誰か」を指導しようとすると、とんでもない間違いを犯してしまうので十分に注意する必要があります。

当然のことです。

想像してください。業績の悪化している会社で「お前が悪い」と部下を責め続ける

社長がいたらどう思うでしょうか？　誰もが唾棄《だき》すべき存在だと思うはずです。もちろん、部下にも生活がありますから、露骨な反発は避けて、社長の叱責《しっせき》に耐えるでしょう。そして、社長の指示に従って何らかの行動を起こすでしょう。

しかし、こんなものはリーダーシップでも何でもない。その部下の行動は、ただただ叱責を避けるためのものにすぎず、そこには自発的な意思のかけらもありません。そのような形だけの行動がよい結果に結びつくことなどありえないのです。社長本人は、部下を動かしてリーダーシップを発揮していると勘違いするかもしれませんが、実際には、それぞれの意思と知恵を持った個々人の集合体である組織を〝烏合《うごう》の衆《しゅう》〟化し、機能不全に陥らせているにすぎないのです。

あるいは、業績悪化の要因を経済情勢に帰そうとする社長がいたらどう思うでしょうか？

私は、自らの存在意義を自ら否定しているだけだと思います。なぜなら、経済情勢が悪ければ経営も悪化するのであれば、誰が社長をやっても同じことだからです。であれば、社長などいらないではありませんか。そんな社長がどんなに立派なことを口にしても、本気でついていこうとする部下などいるわけがないのです。

ときどき、業績悪化の要因として「社会変化についていけなかった」という言い訳をする社長を見かけますが、これもリーダー失格と言わざるを得ません。あらゆる社会変化は、もとをたどれば一個人の行動に突き当たります。であれば、リーダーたるもの、「自分こそが社会変化を起こす」という創造的発想をもたねばならないはず。にもかかわらず、「社会変化についていけなかった」などと〝犠牲者〟ぶっているようでは、誰もリーダーとは思わないでしょう。

なぜ〝偽物のリーダー〟が生まれるのか？

いわば、彼らは〝偽物のリーダー〟なのです。

なぜ、そうなるのか？

簡単なことです。彼らが逃げているからです。

社長とは、会社の業績の最終責任を負う立場。業績が悪化しているのならば、その責任はすべて社長にあるのです。つまり、本来、社長には「逃げ道」がないということ。にもかかわらず、部下のせいにしたり、環境のせいにしたりすることで、自らの責任から逃げようとしている。その時点でリーダー失格。そのような「心の持ち方」をしている限り、どんなに威圧的な態度を取ったとしても、どんなに権威を振りかざそうとしても、1ミリたりともリーダーシップを発揮することはできないのです。

だから、「誰か」を指導するなどと不遜《ふそん》な考えを持つ前に、「自分の課題から逃げない」という「心の持ち方」を徹底することが重要。目の前に困難が立ちはだかったときに、誰かのせいにしたり、環境のせいにするのではなく、自分の力でなんとかしようとする意思をもつ。この「心の持ち方」こそが、リーダーシップの根っこなのです。

そして、目の前の困難を乗り越えるために、知恵を絞り、率先して行動する姿に、周囲の人々が共感を寄せて、「力になってやろう」「協力しよう」と思ってもらえたときに、はじめてリーダーシップは生まれる。少々不器用であっても、小心者であっても、その人なりの「持ち味」を活かしながら、必ずリーダーシップを発揮できるようになるのです。

「逃げ道」のない場所で人間は鍛えられる

その意味で、私は幸運でした。

なぜなら、入社2年目に赴任したタイ工場で、図らずも「心の持ち方」を変えざるを得ない状況に追い込まれたからです。

職場が機能不全に陥ったとき、当初、私は「自分は悪くない」と思っていました。私が懸命に適正な在庫管理を指導しているのに、一向に聞き入れようとしないタイ人従業員が悪い。いくら忙しいとはいえ、困難を抱えている部下を突き放す上司が悪い。そもそも、入社2年目で経験の乏しい私を、工場の立ち上げ真っ只中で、戦場のように忙しいタイ・ブリヂストンに放り込んだ会社が悪い。なぜ、自分だけがこんな目に遭わなければならないのか……。そう思っていたのです。

しかし、そんなことを考えていても、何ひとつ問題は解決しませんでした。それどころか、状況は悪化するばかり。次々と倉庫に持ち込まれる新しい製品が床に溢れ、出荷待ちの製品はうずたかく積みあがる一方。タイ人従業員のなかで孤立していた私は、なすすべもなく茫然《ぼうぜん》と〝惨状《さんじょう》〟を見つめることしかできませんでした。何もかも放り出して日本に逃げ帰りたい。そう思いましたが、日本に帰る航空運賃を支払うお金もない。私には、「逃げ道」がなかったのです。

それは、実にストレスフルな状況でした。しかし、これがよかった。なぜなら、私は考え方を変えざるを得なかったからです。間違っていたのは自分なのだ。誰かのせいにしても、環境のせいにしても、状況は悪化するだけ。変わらなければならないのは自分だと、考えを切り替えるほか「道」がなかったのです。

そして、私はそれまでの姿勢を180度転換。

タイ人従業員に「要求」するのではなく、彼らとともに汗を流すことによって、仲間として受け入れてもらう努力を始めたのです。正直なところ、彼らの輪のなかに入っていくのは怖かった。「若造のくせに偉そうにしやがって……」と総スカンを食らっていたのだから当然です。内心ビクビクしながら、なんとか笑顔をつくって、必死に彼らとコミュニケーションを図っていったのです。

リーダーシップの「ある人」と「ない人」の2種類しかいない

これが、私の「出発点」でした。

「逃げ道」のない場所に追い込まれ、自分を変えるほかなかった。いわば、私は、強制的に「心の持ち方」を変えさせられたのです。

「情けない……」と思う人もいるかもしれません。たしかに挫折感を伴う経験ではありましたが、私はこの経験をさせてもらえたことを感謝しています。なぜなら、このときはじめて、私は、誰かのせいにするのではなく、自分の力でなんとかしようと行動を起こしたからです。この瞬間に、私のなかにリーダーシップの根っこが生まれた。そして、これが、その後、ブリヂストンのＣＥＯを勤めあげるまで、一貫して私の言動を支え続けてくれたのです。

だから、私はこう考えています。

「逃げ出したい」と思うような場面に遭遇したときがチャンスなのだ、と。

人間には防衛本能があるため、困難に直面したときに「逃げたい」と思うのは自然な反応。おそらくすべての人間に共通する「条件反射」のようなものです。そして、「条件反射」だからこそ、これを克服するのは難しい。

しかし、他者や環境のせいにするのを踏みとどまって、自らの力で困難に立ち向かうことができれば、確実にリーダーシップに一歩踏み出すことができます。そのときはどんなに情けない状況であっても、たとえ結果が最悪に終わっても一向に気にしなくてよい。逃げたか、まともに取り組んだか。問われるのは、ただただこの一点です。

そして、そのような経験は、できるだけ若いうちにしたほうがいい。何回も逃げた後では、リーダーシップの根っこが育つ瞬間はもう訪れません。若いころに〝逃げ癖〟をつけてしまうと、歳を取ってから修正するのはきわめて難しいからです。「逃げ道」のない社長の職に就いてから、〝逃げ癖〟を矯正するのは不可能に近い。その結果、〝偽物のリーダー〟に陥ってしまうのです。

こう言ってもいいでしょう。

人間には2種類しかいない、と。

すなわち、リーダーシップの「ある人間」と「ない人間」の2種類です。それを分けるのはたったひとつ、「心の持ち方」なのです。

つまり、リーダーシップの有無とポジションの高低はまったく関係がないということ。たとえ社長のポジションにあってもリーダーシップを持たない人間もいれば、部下をひとりも持たない平社員であってもリーダーシップを持つ人間もいます。

あるいは、その人が持ち合わせている素質もリーダーシップの有無とは無関係。周囲を圧するような存在感を放つけれどもリーダーシップに欠けた人間もいれば、少々気が弱くてもリーダーシップに富んだ人間もいます。いや、困難を誰かのせいにして平気な顔をしているような人間よりも、そんな厚顔無恥《こうがんむち》なことができない繊細な人間のほうが優れたリーダーになる可能性を秘めているのです。

「小心な楽観主義者」こそが、最強のリーダーである。

2

Leadership

トラブルが起きているからこそ、「仕事は順調だ」と考える

トラブルを解決する――。

これは、リーダーの重要な役割のひとつです。

そのためにこそ、リーダーは多くの給料をもらっていると言っても、あながち間違っていないでしょう。現場のスタッフでは解決しきれないトラブル対応に課長が当たり、課長の手に負えなければ部長、役員、社長へと上がってくるわけです（そして、社長には「逃げ道」がない）。

なかには、部下からトラブル報告を受けるとイヤな顔をする上司がいますが、私に言わせれば言語道断。「何のために、あなたは部下より高い給料をもらっているのか？」と問い詰めたくなります。むしろ、トラブル報告を受けたら、「これこそ自分の出番だ」と喜ばなければならないのです。

とはいえ、予期せぬトラブルに見舞われたら、誰だって心臓がドキドキしてくるはずです。小心者ならばなおさらです。何事にも動じない仙人のようには、なかなか

れるものではありません。だから、私は常々、トラブルが発生したときには、こう自分に言い聞かせてきました。順調にトラブルは起きる。トラブルが起きているから順調なのだ、と。

もちろん、いい加減な仕事をしてトラブルが起きたっていいじゃないか、などという意味ではありません。世の中は自分を中心に回っているわけではありませんから、どんなに完璧を期したとしても、こちらの見込みどおりに仕事が進むとは限りません。仕事をしていれば、必ずトラブルは起きるのです。ましてや新しいことを始めるときは、初めからうまくゆくことなどありえません。順調にいっているときが例外なのです。だから、「トラブルを気に病むな。やっぱり起きたか。順調だな、と思え」と言いたいのです。

なかには、トラブルに見舞われると、取り乱してしまう人もいますが、あれは最悪の反応です。言い訳を始めたり、誰かを責めたり、わめき立てたり……。そんなことをしても、周囲の信頼を損ねるだけですし、そもそも、そんなことをしている時間がもったいない。トラブル・シューティングはスピードが命。そのためにも、「順調にトラブルは起きるんだ。落ち着け」と自分に言い聞かせて、気を確かにする。そして、冷静に解決策を考え、一刻も速く行動に移すべきなのです。

なぜ、「繊細な人」ほどトラブルに強いのか？

ただし、これは単なるおまじないではありません。

四十余年のビジネス経験を踏まえて、私は「ビジネスにおけるトラブルで解決不可能なものはない」と確信するに至りました。どんなトラブルであっても、必ず解決することができる。だから、順調にトラブルが起きても、何ら恐れる必要はない。若い人に、そう強くお伝えしたいのです。

なぜ、必ず解決できるのか？

あらゆるビジネスは人間対人間の営みだからです。利害の対立など何らかの理由によって、その人間関係に亀裂《きれつ》が入ったとしても、逃げることなく、まっすぐ相手と向き合うことによって、信頼関係を結び直すことさえできれば、お互いに譲り合ったり、知恵を出し合うことで、必ずトラブルを解決する糸口を見出すことができるのです。

ただし、条件があります。絶対に逃げないことです。いや、逃げたり、ごまかしたりするのは、トラブルを解決できなくする最高の方法。それをやるから、手に負えなくなってしまうのです。逃げている限り、相手は絶対に納得しません。そして、不信感をより一層募らせた結果、さらにこちらを追い詰めるような行動に出るからです。

トラブルを解決するうえで、最大のポイントは「信頼」です。トラブルの渦中で、信頼関係が傷ついているわけですから、それを修復していくのは骨の折れることです。思わずひるみそうになりますが、ここで逃げたら終わり。100%問題を解決することはできません。しかし、お互い人間同士。まっすぐに相手と向き合えば、絶対に信頼を回復する道はあるのです。

そして、ここで威力を発揮するのが「繊細さ」です。

トラブル対応で最悪なのは、相手のことを考えず、一方的にこちらの主張を押し通そうとすることです。相手には相手の事情や考えがありますから、それを真摯に受け止めなければ対話は成立しません。無理を通そうとしても、相手の反感を買うだけ。信頼を生み出すどころか、不毛な争いを生み出す結果に陥ってしまうのです。喧嘩腰で、一方的な理屈を組み立ててトラブル対応に向かうのが勇ましく、〝切れ者〟のように見えることもありますが、その内実は、ただの「無思慮」。こうした「蛮勇《ばんゆう》」は、本当の意味での「勇気」とは言えないのです。

それよりも、相手の立場、利害、感情を細やかに察知する「繊細さ」こそが武器となります。相手の言い分に真摯に耳を傾け、その真意を正確に理解する。相手は怒っていますから、厳しい対応を取られることもありますが、それに対して感情的に反応するのではなく、まずは相手の真意をしっかりと受け止めることが重要なのです。

そのうえで、相手に対するリスペクトをもって、謝罪すべきは謝罪し、譲れない点があればそれを率直に伝える。お互いが納得できる解決策を見出すために、誠実に努力する姿勢を徹底すれば、必ず、「こいつは、人間として信頼できそうだな」と思ってもらえます。そして、信頼関係さえ取り戻すことができれば、自然と問題は解決に向けて動き始めるのです。

だから、私は、むやみに「好戦的な人物」よりも、「繊細な人物」のほうが、よほどトラブルには強いと確信しているのです。

「誠実」であれば必ずトラブルは解決する

これは、日本人はもちろん、世界中どんな人種にも当てはまる真理です。

私は、あのタイ人従業員とのトラブルを皮切りに、世界中で無数のトラブルに対応してきました。タイ、中近東、ヨーロッパなど、地域によって文化が異なりますから、トラブルになったときの相手の出方もさまざま。そのたびに、右往左往せざるを得ませんでしたが、本質に変わりはない。逃げないこと。相手の立場、利害、感情などを細やかに察知して、誠実に対応すること。これを徹底すれば、世界中どこででも信頼関係を結ぶことができるのです。

たとえば、私が、トルコに駐在していたころは、ある客先に西欧流の契約概念が定着していなかったために、受注契約を結んでいるにもかかわらず、「やっぱりいらない」などと言い出されることがありました。

そのためにトラブルが発生。ところが、彼らはイスラム法に基づく考え方をするためか、西欧流の契約概念を押し付けようとしてもうまくいかない。彼らの考え方を理解して、それに応じた対策を講じるほかありませんでした。

しかし、こうしたトラブルに誠実に対応しながら、プライベートでも人間関係を構築することで、信頼関係が生まれてくると徐々に状況が変わり始めました。西欧流の契約概念で仕事を進めたほうが、彼らにもメリットがあることを理解してくれるようになったのです。それ以降、トラブルは激減。非常に良好な関係を築くことができたのです。

「信頼関係」がギフトをもたらしてくれる

助けてもらったこともあります。

タイで営業をしていたころのことです。ある大手のタイヤの小売業者の担当をしていたのですが、そのオーナー社長は無骨な〝たたき上げ〟。独特の魅力を放つ人間臭い人物でしたが、取引条件には非常に厳しかった。そのため、「お前の会社はケチだ」「もっと安くしろ」などと責め立てられ、会社との板挟みになって苦しめられていました。

もちろん、会社には規定の取引条件がありますから、それを盾に杓子定規《しゃくしじょうぎ》な交渉をしてもよかったのですが、彼の会社の厳しい経営状態を知っていたので、その気持ちもわからなくはなかった。そこで、お互いにギリギリ折り合える〝落としどころ〟を見つけるために悪戦苦闘。トラブルも頻発しましたが、文句を言われながらも、なんとか取引を続けていました。

そんなある日、私はピンチに陥りました。

他国からタイヤを受注したのですが、納品直前にキャンセル。大量の在庫を抱えることになってしまったのです。やむなく、少しでも販売しようと営業に回りました。とはいえ、他国用のタイヤですから、タイで販売するのは困難。はっきり言って、無理筋な営業だったのです。

得意先を訪問し続けましたが、やはり引き受けてくれる会社は見つかりません。仕方なく、件のオーナー社長を訪問。販売のプロで、いつもとことん値切ってくるような社長ですから、「100%ムリだろう」とハナから期待はしていませんでしたが、「お願いします！」と頭を下げると、思わぬ反応が返ってきました。しばらく考えたのちに「わかった」と言って、大量に仕入れてくれたのです。

後日談があります。

日本に帰任後、出張でタイを訪れたときのことです。あのときのお礼を伝えるために、その社長を訪ねました。すると、嬉しそうに迎え入れてくれたのですが、倉庫を覗くと、あのときのタイヤが山のように積みあがっている。やはり、売れなかったのだ……。タイヤの山を見つめながら、正直、胸が痛みました。

そして、「申し訳ありませんでした」と伝えると、彼はニカッと笑うとこう言ったのです。「あれは、お前から買った大事なタイヤだから、売るわけにいかない。ずっと取ってあるんだ」。社長の男気に触れたような気がして、ホロッときましたね。ギフトをもらったような気がして、胸が熱くなったことをよく覚えています。

「小心な楽観主義者」こそリーダーにふさわしい

その後も、同じような経験を何度もさせていただきました。

そして、そのたびに、私のなかには「楽観主義」が育っていきました。

トラブルが訪れても、何も恐れることはない。逃げることなく、真正面から取り組めば、あらゆるトラブルは必ず解決することができる。むしろ、トラブルをきっかけに信頼関係を築けば、思いも寄らないギフトまでも与えてくれる。トラブルはチャンスですらあるのだ、と。

リーダーとしての役割を果たすためには、この「楽観主義」を養うことが重要です。部下からトラブル案件が上がってきても、「順調にトラブルは起きるんだ。任せろ」と腹を据えて対応できるからです。そして、これは後天的に獲得できるものです。どんなに小心者であっても、トラブルから逃げずに誠実に対応する経験を積むことで、必ず身につけることができるのです。むしろ、トラブル処理は小心で繊細な人のほうが得意ですから、「小心な楽観主義者こそリーダーにふさわしい」と言えるのです。

実際、ブリヂストンのCEOになってからも、この「楽観主義」に支えられました。こんなエピソードがあります。かつて、ブリヂストン製品の海外販売において、販売手数料の一部が、現地の公務員に賄賂として渡った疑いがあることが発覚したことがあります。

これは社内コンプライアンス規定違反であり、担当役員が外部に公表するという対応方法もありました。しかし、この件は、株主をはじめとするステークホルダーに迷惑をかけることになる大きなトラブルのもとになるというリスクがあります。

そこで、社長である私が自ら記者会見に出て公表することにしました。こういうとき、社長には「逃げ道」が与えられます。社内から「わざわざトップが出ることはないのではないか」などといった声が上がるからです。しかし、この「逃げ道」に甘えたら、必ずのちに大きなトラブルになる。そのほうが、よほど恐ろしい。だから、社内の必要手続を経たうえで、「大丈夫。誠実に対応すればうまくいくさ」と自らを鼓《こ》舞《ぶ》して、会見に臨むことにしたのです。

そして、会見当日――。

極度の緊張を強いられましたが、正直に事実を公表し、謝罪したうえで、内外の法律事務所が参加する第三者委員会を立ち上げて社内を徹底調査するなどの対応策について説明。なんとか、会見を無事乗り切ることができました。

驚いたのは、その後のこと。多くのメディアは的確な指摘をしつつも、強く非難するような論調は見当たりませんでした。それどころか、ある経済誌は「株価の上がる謝罪会見」として取り上げてくれたのです。これには、私自身が驚きました。

だけど、これはやはり嬉しかった。

リーダーとしての役割を果たせたように思ったからです。

仕事の「所有権」を決して手放してはいけない。

3

Leadership

組織人であるために、「自分の意思」を捨てる愚

オーナーシップ――。

これも、リーダーシップの基本を成す重要な概念です。

オーナーシップ（ownership）とは、本来「持ち主であること、所有権」という意味をもつ言葉ですが、ここでは、「自分が担当する仕事に対する所有権をしっかり握って離さないこと」という意味で使っています。

つまり、自分の所有物なのだから、どこまでも主体性をもって仕事をやり抜くということ。自分の仕事を自分の手中に収めること、あるいは自分の仕事の主導権を手放さないことと言ってもいいでしょう。

もちろん、「仕事の主導権は手放さない」というのは、「独りよがりでよい」ということとはまったく異なります。そもそも、会社において担当する仕事はすべて組織的な意思決定のもとに進める必要がありますから、担当者個人の意思だけで進められる

わけがありません。適時的確に上司に報告・連絡・相談をするとともに、同僚や関係部署の考えも汲み取りながら、組織的な対応に万全を期す必要があります。

ただし、ここで勘違いをする人が多い。組織的に対応するためには、「自分の意思」「自分の意見」を殺さなければならないと考える。「上司に指示されたから」「上司にダメ出しをされたから」「関係部署がいい顔をしないから」などと〝言い訳〟をして、自らの頭で考え抜くことを放棄してしまうのです。

たしかに、「自分の意思」を殺せば、その場その場で軋轢《あつれき》を生み出すことは少なくなるでしょうが、それでは「担当者」とは言えません。「自分の意思」「自分の意見」を軸に、最適な施策を実現するために組織に適切なアプローチをするのが、オーナーシップをもつ本来の「担当者」の仕事なのです。

オーナーシップを捨てれば、「子どもの使い」でしかない

もちろん、その過程においては、上司や関係部署、同僚の意見には真摯に耳を傾けなければいけません。

当然のことです。「自分の考えが正解である」などということは、社長であろうが平社員であろうが、原理的にあり得ないこと。さまざまな立場の人々の意見を聞いて、自らの意見を批判的に検証するプロセスは必須です。その結果、自分の意見に修正を加えていくことによってこそ、自らの意見は鍛えられるのです。

そうして鍛え上げた「自分の意見」を、上司や関係部署に丁寧に伝えて説得していくことによって、組織の意思決定を導いていく。これこそが、オーナーシップをもつ「担当者」の仕事。そして、職位にかかわらず、このような仕事ができる人は、リーダーシップを発揮していると認めることができるのです。

もちろん、最終的な意思決定をするのは経営陣ですから、「自分の意見」が必ずしも受け入れられるわけではありません。そのときには、その最終決定に添って全力を尽くすのが、組織人としての正しい対応です。しかし、もしも、それでも「自分の意見」が正しいと思うのならば、それはそれとして胸に秘めておけばいい。そして、次にチャンスが巡ってきたときに、その意見を堂々と表明すればいいのです。

むしろ、「自分の意思」を捨てるほうがよほど恐い。

なぜなら、上司や関係部署、同僚から相矛盾する意見が出たときに、立往生してしまうからです。あっちを立てればこっちが立たない。そんな板挟みになって身動きが取れなくなるという結果を招くのです。もちろん、担当した仕事は迷走を続け、質の低いものにしかならないでしょう。

結局のところ、「自分の意思」がなければ、「子どもの使い」にしかならないということ。組織の歯車のなかでギリギリと押しつぶされることを恐れるならば、多少の風当たりはあったとしても、オーナーシップをしっかりと保持したほうがいいのです。

そもそも、周囲の人に振り回されるだけの人生など、つまらないではないですか。若いころは、オーナーシップを保持するがために、組織内でぶつかり合うようなこともあるかもしれませんが、それもリーダーシップを鍛える重要なプロセス。そんな若者のほうが、将来、大きく成長するものなのです。

オーナーシップを発揮して「主導権」を握る

だから、私は若い頃から、オーナーシップを手放さないように心がけてきました。

トルコでひとり事務所を切り盛りしていたころのことは、今でもよく覚えています。

ある日、タイヤ生産を手掛けている地元の大財閥から事務所に連絡があり、業務提携を持ち掛けられたときのことです。

もちろん、これは、当時、課長級だった私が意思決定できるような案件ではありませんでしたから、すぐに本社に報告することも考えました。しかし、トルコは、中近東諸国と欧州諸国を結ぶ位置にあるユニークな国。そして、その国に住んで国、国民、社会を肌で理解しているのは私だけ。ここはオーナーシップを発揮して、主導権を握らなければ判断を間違えると思いました。

そこで、私は先方窓口の役員に会いに行きました。

そして、数百項目に上る質問状を手渡して、「これに明確な回答をもらいたい。それを見たうえで、本社に提案するかどうかを決める」と伝えたのです。数百項目の質問を見て、相手は驚いていましたが、二つ返事で承諾してくれました。

その後、先方には内緒で、財閥が運営している工場の視察を行いました。部外者ですから中には入れませんが、工場の大きさからおおよその生産能力は推測できますし、工場の外観、周囲の様子などから工場管理能力の一端もわかります。工場に出入りするトラックの台数を数えることで、稼働状況も当たりを付けることができます。自分の意見をしっかりもつためには、現場を見るプロセスは不可欠ですから、あらゆる観点から工場をじっくりと観察したのです。

こうして、「なかなかしっかりした工場だな」という感触をもったうえで、質問状に対する回答を詳細に検討。自分の頭と身体で、健全な経営がされていることを確認し、「前向きに検討すべき」という方向で本社に説明しました。このプロセスを経なければ「子どもの使い」になってしまう。それではつまらないと思ったわけです。

もちろん、本社からは反対意見も寄せられました。

その代表的なものが、当時、年率数十%の深刻なインフレに陥っていたトルコに投資することへの慎重論でした。しかし、これにも、私は明確な反論を伝えました。

たしかに、インフレ状況にありましたから資産価値は日々目減りしていきます。しかし、タイヤの需要は確実に増えている。しかも、トルコ市場だけでも大きな市場だが、中近東市場と欧州市場への供給基地として機能しうる立地特性はきわめて重要。トルコに供給基地をもつことによって、現地生産品でシェアを獲得していくためにも、前向きに検討すべきだと主張したのです。

結局、私のトルコ駐在中には事業提携を結ぶまでには至りませんでしたが、その後、提携が成立。今では第2工場も建設され、中近東での市場開拓の礎であり、欧州への供給基地のひとつともなる事業へと成長していきました。それは、後任担当者の功績ですが、私も、事業提携への道筋をつけたという意味で、一定の貢献ができたのではないかと自負しています。

そして、こう思うのです。本社では反対意見も多かった案件だっただけに、私がオーナーシップをもたずにいたら、実現できなかったかもしれない、と。あのとき、本社から遠く離れているからこそ、「自分の意見」を固めておかなければ振り回されるようになることを恐れ、いつも以上に強固にオーナーシップをもって対応しようとしたのが、よい結果に結びついたと考えています。

「面倒見のいい上司」は、必ずしも「よい上司」ではない

とはいえ、私もはじめからオーナーシップをもっていたわけではありません。

私が、オーナーシップの重要性を初めて意識したのは、タイ・ブリヂストンで在庫管理がうまくいかず、上司に泣きついたときです。いわば、あのとき私は、「この仕

事は手に負えない。なんとかしてください」とオーナーシップを手放そうとしていた。しかし、上司は「それはお前の問題だろう」と突き放した。つまり、「その仕事の所有権はお前にある」と、私につきつけたわけです。

当時、私は「仕事は会社に与えられるもの」であり「やらされるもの」だと思っていましたから、「いくら忙しいとはいえ、上司として無責任ではないか」と反発を覚えたものです。冷酷だとすら思った。しかし、いまは違います。意図したかどうかは不明ですが、その上司に非常によい「指導」をしていただいたと思っています。

あのとき、上司が助け船を出してくれていたら、私はどうなっていたでしょうか？たしかに、現場の混乱は簡単に収束したかもしれない。しかし、それは上司の力であって、私の力ではありません。そこには、自らの力でなんとかすることによって得られるはずの「成長」もなければ、困難を乗り越えた「達成感」もない。そして、自分は問題を解決することができるという「自信」も育たないのです。

その意味で、「面倒見のいい上司」が必ずしも、部下のためになるわけではないと言うこともできるでしょう。

もちろん、上司は部下の仕事に対して責任がありますから、いざというときには力バーする必要がありますし、部下が精神的に折れないように十分に配慮しなければなりません。しかし、部下がちょっと困ったら、すぐにしゃしゃり出て「助け船」を出すのは弊害も大きい。部下のオーナーシップを損ねてしまうからです。「過保護」の上司は、部下を殺してしまいかねないのです。

難しいのは、上司が助け船を出す一線をどこに引くかです。

これは、部下のメンタルの強弱、実力の有無、置かれている状況によって異なりますから、まさにケースバイケース。繊細な目で状況を観察しながら、「部下を守る」という使命と、「オーナーシップを育てる」という使命を、どこでバランスさせるかを考えるほかないでしょう。

ただ、部下の苦境を見て見ぬふりをするのは論外ですが、ときには、部下の限界を少し超えるくらいの負荷がかかっている状況において、「助けてやりたい」という思いを我慢する勇気は必要です。それが部下のオーナーシップを鍛え、優れたリーダーを育てることに繋がるからです。

「面白いこと」をするから、リーダーシップは育つ。

4

Leadership

「苦行」をやり抜いても、リーダーシップは磨かれない

「面白い」ことをする――。

私は、これこそリーダーシップを育てる最善の方法だと考えています。

「リーダーシップが、そんな甘っちょろいことで育つものか」。そう思われる方もいらっしゃるかもしれません。たしかに、リーダーシップというものは、さまざまな逆境を経験するなかで鍛えられるものです。苦労せずして、優れたリーダーシップを備えることはないと断言できます。

ただし、それは単なる苦行であってはなりません。いえ、「苦行＝つらさに耐えて仕事をする」というスタンスでは、むしろリーダーシップを殺してしまうことになってしまうでしょう。なぜなら、そこには、リーダーシップの原点である「主体性」がかけらもないからです。

では、主体性はいつ発揮されるのか？　決まっています。心の底から「面白い」と思えることをするときです。誰だってそうです。「面白い」ことをするのですから、

誰かに指図されるまでもなく率先してチャレンジする。それこそが主体性なのです。

もちろん、「面白い」ことを実現する過程では、カベにぶつかり、痛い思いもするでしょう。ときには挫折することもあるはずです。しかし、この苦しみは、決して苦行ではありません。つらさに耐えて仕事をしているのではなく、面白いことを実現するために仕事をしているからです。そして、この逆境を乗り越えて、モノゴトを実現する過程でこそ、真のリーダーシップは鍛えられるのです。

沈滞するチームの士気を一気に上げた方法とは?

では、仕事の面白さとは何か?

私が、はじめてそれを知ったのは入社3年目。タイ・ブリヂストンの販売担当になったときのことです。当時、販売現場では、ある問題が持ち上がっていました。事業立ち上げの時期は、取引先がすべて新規顧客であるがゆえによく起こることですが、販売売掛金の回収が滞っていたのです。そこで、上司から、タイ人営業マンをリードしながら不良債権の回収をするように命じられたのです。

私にとっては、はじめての営業経験でしたから、右も左もわからない。とにかく、得意先に足しげく通って支払いを求めるしかありません。しかし、相手も背に腹は変えられませんから、ふにゃふにゃとかわしてくる。新米営業マンには、なかなか手ごわい仕事でした。

しかも、タイは「マイペンライ」の国です。

「マイペンライ」とは、タイ人がよく口にする「大丈夫だ。気にするな」といった意味の言葉。使う場面が面白い。たとえば、飲食店で店員が誤って、スープを私のズボンにこぼしたとします。日本であれば、「大丈夫だ。気にするな」という言葉を使うのは私のはず。しかし、タイでは、こぼした本人が「マイペンライ」と言いながら微笑むのです。当初、これには閉口しましたが、慣れてくるとこれが心地いい。おおらかな気持ちになるからです。これは、タイ文化の愛すべき部分だと思っています。

ところが、不良債権回収でも「マイペンライ」が顔を出すからやりにくい。「マイペンライでは困る。ちゃんと払ってくれ」と何度も通いつめ、「ちゃんと払ってくれなかったら、取引を続けられない」と、若干の脅しをかけながら駆け引きを続ける毎日。想像以上に難航しましたが、コツさえつかめればなんとかなる。しばらく経つと、着実に回収が進むようになりました。

ところが、正直なところ面白い仕事とは言いがたい。

「ちゃんと払ってくれ」と言うだけで、何かを生み出しているわけではないからです。それは、私だけではありませんでした。タイ人営業マンも、どうも士気が上がらない。職場の空気が沈滞気味だったのです。

このままではつまらない。もっと前向きな仕事がしたい……。そう思った私は、「不良債権の回収だけではなく、新規顧客開拓もやらないか？」とメンバーに相談。みんなで「ターゲット顧客リスト」や「攻略作戦」をまとめ上げて、上司に提言。当初、上司は「回収だけでもたいへんなのに、本当にできるのか？」と驚いていましたが、会社にとってもプラスをもたらす提言だから却下する理由もない。「前向きでよろしい」とすぐにOKを出してくれたのです。

これで、私のチームは一気に活気づきました。仕事量が2～3倍に膨れ上がりましたから、めちゃくちゃに忙しくなりましたが、これは全然苦にならない。当時のタイは「車社会」への移行期でしたから、掘れば需要はいくらでもある。ガンガン結果が出るから、面白くてたまらなくなったものです。

この世の中に「完成された仕事」はない

このとき、私は知りました。与えられた仕事をこなすだけでは面白くない。自ら見出した課題にチャレンジするからこそ、仕事は面白くなるのだ、と。

しかも、できることなら「前向き」なことがいい。何かを生み出すこと、新しい価値をつくり出すこと、想像するだけでもワクワクするようなこと……。そんな仕事には仲間も共感を寄せてくれる。そして、みんなで力を合わせて課題に取り組んでいくプロセスこそが面白いのです。

だから、これ以降、私は、どこに配属になっても、どんな職位についても、常に仕事を面白くしようとしてきました。与えられた課題を解決するだけではなく、「前向き」な課題を見つけ出して、次々とチャレンジしてきたのです。

この世の中には、「完成された仕事」というものはありません。どんなに完成されたように見える業務システムが構築されている職場であっても、必ず、改善できることと、新しくできることはあります。それを見つけて、上司に提言する。それが魅力的な提言であれば、必ず、周囲の人が「俺も」「私も」と力を貸してくれるようになります。みんな「面白い」ことがしたいのです。

しかも、会社というものは、実に〝よくできた場所〟です。誤解を恐れず言えば、上司にハンコさえ押してもらえば、その時点で「無罪確定」だからです。もしもチャレンジに失敗しても、それはハンコを押した上司の責任。適時的確に上司に報告・連絡・相談しながら、精いっぱい努力を尽くしたのならば、提案した本人の責任が問われることはないのです。

仕事を面白くするのは、驚くほど簡単である

だから、仕事を面白くしない手はないのです。

上司を説得する、と聞くと少々怖気づく人がいるかもしれませんが、そんなたいそうなことではありません。度胸など不要。経営陣が策定した企業戦略に資するアイデアかどうか。問題はこれだけです。なぜなら、戦略に資する提案であれば、却下する理由がないからです。

それに、「前向き」な提案なのですから、万一考えが及ばず却下されたとしても、お咎《とが》めを受けるようなことではない。何ひとつ恐れることなどないのです。私は、「会社の天井に穴を開ける」と言っていましたが、「会社の天井」などたいしたものではありません。どんどん「穴」を開けて、仕事を面白くしたほうがいいのです。

もちろん、アイデアを実現する過程では困難が次々と立ちはだかります。

しかし、若いうちであれば、それほど大きなチャレンジができるわけでもありませんから、恐れることなどありません。一生懸命にやっていれば、上司も助け船を出してくれるはずです。たとえ失敗したってたかがしれています。

そもそも、たかだか１㎡のデスクにかじりついて、命じられた仕事をこなしているだけでは、人生つまらないではないですか。若いうちから積極的に「面白い」ことにチャレンジしなかった人が、歳を重ねてから、突然「面白い仕事」を生み出すことなど絶対に不可能。そして、「面白くない仕事」には誰も力を貸してはくれません。つまり、リーダーシップを発揮することなどできないのです。

だから、リスクの小さい若いうちに、どんどんチャレンジしてほしいと、私は願っています。それこそが、優れたリーダーになるための大切な練習なのです。

「言い出しっぺ」でなければ意味がない。

5

Leadership

「すでにある仕組み」に乗っかるだけではつまらない

面白い仕事がしたい——。

若いころから、そう思うようになった私は、新しい部署に配属されてしばらく経験を積んだら、いつも何かしら「新しい提案」をすることを心がけていました。というよりも、そうしないではいられませんでした。どんな仕事でも経験を積めば、仕事の流れやコツが身につきますが、それは単に「慣れた」というだけのこと。そこにはワクワクするような楽しさがなかったからです。

それに、先輩たちがつくり上げてきた仕組みのうえに乗っかっているだけで、私自身が何かをつくり出したわけではありません。それでは一人前の仕事をしているとは言えない。仕事をしていれば「こうすれば、もっとよくなる」「こうあるべきだ」というプロセスは必ず見つかります。それを改善して、よりよい仕組みをつくっていくことこそが、本質的な意味で「仕事」というのではないかと思ったのです。

だから、書式の変更といったミニマムな改善提案から、業務プロセスの改善提案のようなことまで、自ら手を挙げてどんどん取り組んだものです。若いころは、その職場で完結する規模の提案でしたから、直属の上司さえ納得すればすぐに実施可能。そして、実際に改善をすれば、周囲の同僚にも喜ばれるから嬉しい。モチベーションが上がるのです。こうして、私は改善すべきポイントに気づいたら、自ら手を挙げて「言い出しっぺ」になることがクセのようになっていったのです。

成功しようが失敗しようが、やり切りさえすればいい

何度、「言い出しっぺ」になったか？

これが、真のリーダーになれるかどうかを決めると私は考えています。

いたって当たり前のことで、誰かが提案したことに追随して、「2番手」「3番手」として力を発揮するのも大事ではありますが、それはリーダーの仕事とは言い難い。自らリスクを取って「言い出しっぺ」になる。そして、周りの共感を得ながらプロジェクトを実現させていくことこそリーダーシップだからです。

「言い出しっぺ」になるうえで重要なのは、「やり切る」ことです。もちろん、その

うえで成功させることがいちばん重要ではあるのですが、特に若いうちは、成功しても失敗してもたいしたことではありません。たとえ失敗に終わったとしても、「やり切る」ことさえできれば「見どころのある人間」という評価が得られるのです。

私自身、若いころから、数えきれないほど「言い出しっぺ」になってきましたから、当然、うまくいかなかったこともあります。だから、チャレンジとはそういうものだということは誰よりもよくわかっています。そもそも、成功が確約されていることに取り組むことは、チャレンジとは言いません。失敗する可能性があるからこそ、チャレンジと言うのです。

だから、私が上司になったときに、何かにチャレンジした部下を評価するときには「成功したかどうか」よりも「やり切ったかどうか」に重きを置いたものです。「やり切る」ことさえできれば、成功しようが失敗しようが、その人は必ず「成長」しているからです。そして、たとえ失敗したとしても、次に手を挙げたときにも「やり切るはずだ」と信頼できる。成功というものは確率論でもありますから、どんどんチャレンジする人間はいつか必ず成功するのです。

むしろ、失敗を恐れて「言い出しっぺ」になるのを避けることのほうが、長い人生を考えたときには大きなリスクとなるでしょう。若いころから「言い出しっぺ」を避けてきた人間が、年齢を重ねて「言い出しっぺ」になることは100%ないと言い切れるからです。そのリスクを恐れるならば、若いうちに「言い出しっぺ」になるリスクをどんどん取ったほうがいいと断言します。

「心無い言葉」に、感情的になってはいけない

ただ、若いうちは「言い出しっぺ」になっても、どうということもないのですが、職位が上がるにつれて、提案内容の規模が大きくなってきますから、その分、風当たりも強くなってきます。

私自身、「前例がない」「何を考えているんだ」と言われたことはもちろん、ときには「何をバカなことを言ってるんだ」と怒鳴られたこともあります。あるいは、「あいつは生意気だ」「絶対に失敗する」と陰で囁《ささや》かれていると、親しい同僚に耳打ちされたこともあります。

たとえば、タイ・ブリヂストンのＣＥＯになってしばらくは、ずいぶんと逆風が吹いたものです。というのは、第2工場の新設を皮切りに、その第2工場にプルービンググラウンド（タイヤのテストコース）を併設するなど、矢継ぎ早に事業提案をしたからです。それぞれ、かなりの投資を要する事業ですから、「言い出しっぺ」の私にはかなりの風圧がかかったのです。

特に、第2工場新設を提案したときは厳しかった。

１９９０年代初めのことで、当時、タイやインドネシアではモータリゼーションが本格化し始めたことから、タイヤ需要も急激に増える兆しを見せていました。そこで、他社に先駆けてシェアを確保するためには、最新鋭の第2工場が必要不可欠だと判断したわけですが、本社からは「あいつは、いったい何を言い出すんだ？」と大反発が寄せられました。

というのは、１９８５年のプラザ合意後、円高が急激に進行していたために、本社の輸出部門が大打撃を受けているタイミングだったからです。これほどの円高が続けば、国内工場の何か所かはいらなくなるとさえいわれる状況でした。そのため、タイ・ブリヂストンのＣＥＯといっても部長級に過ぎませんから、上層部の一部からは

「あいつは、いまどういう状況かわかってるのか？」「バカじゃないのか？」と厳しい言葉を投げつけられたものです。

正直、心無い言葉に傷つきもしましたが、ここで感情的になっても得るものはありません。いや、自分の提案に自信があれば、心無い言葉を投げつけられても一切揺るがないというべきでしょう。

私にすれば、タイと日本は国の状況が違う。そして、さらに円高が進行すれば、日本から輸入してタイで売っているタイヤの替わりに現地生産品の普及が進むはずだから、いまこそタイで現地生産する能力を向上させ、タイ・ブリヂストンの自立能力を上げるべきだという確信は揺るぎません。こういう局面で重要なのは、「話のわかる」人物の理解を得る努力をすること。これが突破口となって、必ず「天井をこじ開ける」ことはできるのです。

そこで、海外事業について知見をもつ役員に的を絞って、何度もしつこくレクチャーを繰り返すことで、「資金はタイ・ブリヂストンで調達せよ」という条件つきではありましたが、なんとか取締役会の承認を取り付けることに成功。さまざまな障壁を乗り越えながら第2工場を完成させると、アッという間にタイ国内でのトップシェアを確立。さらに、タイ・ブリヂストンが高収益を上げ続ける事業基盤を築くことができました。今となれば、あのタイミングでやっておかなければ、どうなったことかと思います。

それだけではありません。私は、タイ・ブリヂストンのメンバーに「世界のモデルとなるような工場をつくろう」「機能的かつデザイン性にも富んだ、みんなの誇りになるすごい工場をつくろうじゃないか」と呼びかけ、みんながそれに応えてくれて素晴らしい工場をつくり上げてくれました。そのおかげで、社内外から称賛を寄せていただけたのです。

「手の平返し」をされたら、味方が増えたと思えばいい

しかし、やりたいことは次から次へと出てきます。

そのひとつが第2工場にプルービンググラウンドを併設すること。自社タイヤのテストを行うのはもちろん、社員にさまざまなタイヤで実際に運転してもらうことで「違い」を実感させたり、タイヤ故障の原因究明を行うなど、実に多くのメリットが期待できました。さらに、タイに工場を置く自動車会社にもコースを開放すれば、他

のタイヤ・メーカーよりも自動車会社とのパイプを太くすることもできます。そして、タイ・ブリヂストンの評価を高めるとともに、ビジネスの拡大にもつなげることができると考えたわけです。

ところが、前代未聞の提案だったため、再び本社からは大反対の声が寄せられました。まぁ、それも承知のうえの提案です。幸い、第2工場の成功という実績を手にしていたこともあり、上層部をなんとか説得。了承を取りつけたうえでプルービンググラウンドを完成させると、当初の狙いどおり効果的な一手となりました。すると、かつては反対をしていた人々までもが「実は、僕もいいアイデアだと思ってたんだ」「やっぱり、こういう施設はあるべきだよな」と言い始めます。「手の平返し」というやつですね。

世の中、そんなものです。

誰もが勝ち馬に乗りたがる。正直なところ、「現金なものだな……」とも思いました。しかし、そんなことはおくびにも出しませんでした。「言い出しっぺ」はリスクを取っていますから、こういう〝調子のいい反応〟が少々気に障るものですが、それを表に出すのは得策ではない。なぜなら、味方が増えたということにほかならないからです。ニッコリ微笑んで受け入れるのが正解なのです。

「しょうがないヤツ……」というレッテルを貼られたら勝ち

こうして、実績を積みながら味方を増やすと、ある変化が起こります。

次にまた「言い出しっぺ」になったときに、「誰だ？　これ提案したの。荒川かぁ……。また、あいつか。しょうがないな……」「まぁ、あいつが言うんなら、なんかやってくれるだろう」という反応が増えてくる。かつては、「あいつはバカか？」という反応だったのが、「あいつならしょうがない」という反応に変わってくるのです。

この「また、あいつか」「しょうがない」というレッテルを貼られたらシメタもの。提案当初から賛成に回る人が増えてくるのです。「レッテル貼り」はネガティブに捉えられがちですが、こういうレッテルはどんどん貼ってもらったほうがいい。「レッテル」を手に入れると、組織のなかでの立ち位置が変わってくるからです。

だから、その後、タイにアジア大洋州訓練センターの建設を提案したときには、

「また、荒川か……。まぁ、深い考えがあってのことだろう」と多くの役員からは強い反対は出ませんでした。とはいえ、利益に直結するプロジェクトではありませんから、積極的賛成というわけでもない。微妙な雰囲気だったのです。

しかし、私は、この施設の必要性も確信していました。

ブリヂストンの社員として「誇り」に思える施設で、タイヤに関する技術や知識を伝授することで、社員のモラールと技能の向上を図るのはもちろん、販売現場の最前線を強化するための拠点にもできると考えたのです。取引先であるディストリビューターや小売店のトップ層から現場スタッフまでを招いて、ブリヂストンの事業方針や商品知識、さらにはタイヤ交換技術なども伝えることで、販売現場を強化することができれば、長期的な視点で大きな意味があると考えていたのです。

そこで、このときもしつこくレクチャーすることで主要役員を味方につけたのですが、難関が残りました。当時の社長です。さまざまな機会をとらえて、何度もレクチャーしても全く取り付く島がない。「反対。ダメ」の一点張り。それでも、しつこく提案するものだから、しまいには私の顔を見ただけでイヤな顔をされる始末でした。

ただ、私としては確固とした考えに基づく提案でしたから、引き下がるわけにはいきません。そして、あるとき社長の車に同乗するチャンスを捉えて再度提案。社長もいい加減ウンザリしたのか、「うるさいな。わかったよ。やってみろ」と回答。根負けしたようなかたちでした。

明らかに心の底からは納得していない。しかし、言質《げんち》は取った。こういう局面で重要なのはスピード。社長が「ＯＫを出した」という記憶が鮮明なうちに結着をつけなければ、ひっくり返されかねない。だから、私は、即座に社内の正式な承認手続きを取り付けました。

上司から「１００％の納得」を勝ち取ろうとするな

もちろん、決裁を得るのは「始まり」にすぎません。

なんとしても、このプロジェクトを成功させる。それが、決断してくださった社長に対する誠意だ。そう考えて、メンバーと一緒になって最高の訓練センターを完成させました。特に細心の注意を払ったのは「グローバル」というコンセプト。たとえば、イスラム式の礼拝施設を併設するなど、文字通り誰にでも気持ちよく活用してもらえる施設にしたのです。

お礼の意味を込めて、開所式には社長にテープカットに来てもらいました。「ハレの場」を用意したことで機嫌をよくしてくださったこともあったかもしれませんが、施設をつぶさに見て回り、建設や運営にかかるコストなどの説明を聞いた社長は、「それで、こんなに立派なものをつくったのか。これはいい施設だから、ほかの地域にもつくろう」と絶賛してくださいました。それまでの疑心暗鬼が一気に吹き飛んだ様子でした。


このとき、改めて思いました。

上司から「100%の納得」を勝ち取ろうとするとムリが生じる。もちろん、ごまかすようなことをしてはいけませんが、提案に自信があるのならば、「100%の納得」ではなくとも、とにかく言質を取り付ける。そして、なによりも一刻も早く完成形を体験してもらうことです。ここで100%を超える納得を勝ち得れば、必ず強力な信頼感をもってもらえるのです。

「重要な提案」をするときは、ひとりでトップに会いに行く

もうひとつお伝えしておきたいことがあります。

社長などの権力者に対して、ハードルの高い提案をするときには、必ずひとりで行くようにしたほうがいい、ということです。

なぜか？　まず第一に被害者を増やさないためです。部下を何人も引き連れて提案に行くリーダーもいますが、万一、社長から提案を拒否された場合、自分だけではなく部下にまで「×」をつけられてしまうおそれがあります。

たったひとりで権力者に向き合うのに怖気づく気持ちはわかりますが、その結果、部下にリスクを背負わせるようなことをしてはなりません。ひとりで行けば、「バカヤロー」と怒鳴られても、討ち死にするのは自分ひとり。もし、そのアイデアが部下の起案だったとしても、部下は傷つかない。このような配慮は、リーダーとして非常に重要だと思います。

あるいは、「この提案について、いちばん詳しい者を連れてきました」と言って部

下を連れてくるリーダーもいますが、社長を経験した私からすれば、それもおかしい。大きな案件であればあるほど、内容の詳細や事務的なことを聞きたいわけではありません。その提案の本質は何かという話がしたいのです。「それができないから部下を連れてきてるのか？」と疑念を持たれるだけなのです。

それに、社長だって人間です。

単身で立ち向かえば、「なんだ、お前ひとりで来たのか？」とびっくりされて、「じゃあ、聞いてやろうじゃないか」となる。経験上、社長を「お前なんか、いつでもぶっ飛ばせるんだぞ」という気分にさせておいて、それでも食い下がって説明すると、意外とすんなり通ることが多いのです。

結局、人間が何かを判断するときに、最大の決め手になるのは「覚悟」ということでしょう。ひとりですべてを背負って、腹をくくって提案に訪れる人間の言うことは、それだけで信頼に値するのです。

第2章

「臆病者」しか生き残れない

「人格者」をめざすな。

6

Leadership

「人格者」ぶってみたところで、周囲には〝馬脚〟は丸見え

優れたリーダーは人格者である――。

多くの人がそう考えています。たしかに、私がこれまでに接してきた優れたリーダーは、みな「人格者」という言葉がぴったりくる人物ばかりです。あらゆる人に対して公平で、懐が深く、謙虚。誰かの悪口を言うこともなく、常に周囲に対してポジティブに接する。厳しさのなかに、やさしさが備わっている……。そんな人物こそが、優れたリーダーであるのは事実だと思います。

ただ、だからといって、人格者をめざす必要はないと私は考えています。

なぜなら、それは非常に難しいことだからです。私自身がそうです。私は平凡な人間ですから、失礼な部下がいれば腹も立ちますし、簡単な仕事すらうまくできない部下がいればイライラを感じます。心身ともに疲れたときには、ネガティブな気持ちになることもあります。それが、ウソ偽りのない自分なのです。

にもかかわらず、「人格者でなければ……」などと考えて、そんな自分を矯正《きょうせい》しようとしても苦しいだけ。しょせん無理な相談ですし、人格者ぶってみたところで、周囲の人々には〝馬脚〟は丸見えです。だったら、素のままの自分でいたほうがよほどいいのではないでしょうか？


では、どうすればいいのか？

合目的的であることに徹すればいいのです。

「合目的的である」とは、目的に合致する言動に徹するということです。ある部署のリーダーを任されているのであれば、その目的は、その部署に課された目標を達成すること。であれば、その目的に適うことだけをやり、目的に適わないことは一切やらない。これを徹底することによって、結果として、自然と人格は備わってくる。私は、そう考えているのです。

部下を責め立てるのは「合目的的」ではない

たとえば、部下が顧客とトラブルをこしらえたとしましょう。

そのときに、部下を責め立てる上司を見かけることがありますが、それが合目的的な行為と言えるでしょうか？

言えるはずがありません。部下を責め立てても、トラブルは何ひとつ解決しないからです。このようなときの目的は、トラブルに適切に対応して損害を最小限に留めるとともに、顧客との信頼関係を再構築すること以外にありません。ですから、部下を責め立てる時間がムダ。「目的」を後ろに置き去りにして、トラブルを追いかけることには何の意味もないのです。それよりも、常に気を確かに持って、「何が目的か？」と落ち着いて再確認し、一刻もはやく目的に戻って行動を起こすべきなのです。


それだけではありません。

長期的な観点から見ても、部下を責め立てるのは合目的的ではない。

なぜなら、以後、その部下はもちろん、責め立てられている同僚を見ている他のメンバーも、トラブル情報をできるだけ上司に報告するのを避けようとするからです。

これが大問題を生み出します。どんなに誠実に仕事に取り組んでいても、トラブルは避けがたく発生するものです。重要なのは、トラブルの芽が小さいうちに組織的な対応をとること。ところが、部下がトラブルを隠そうとすることによって、水面下でトラブルはどんどん大きくなる。そして、部下ひとりでは抱えきれなくなったときに、問題は噴出。組織に大きな打撃を与える結果を招くのです。

すなわち、部下が安心してトラブル報告をできるようにするのは、リーダーの重要な仕事のひとつということ。であれば、トラブルを起こした部下を責め立てるのは「反」合目的的というべきです。

「報告」とは、「トラブルを報告すること」である

だから、私は、部下から「悪い報告」を受けたら、こう言ったものです。

「お、順調にトラブルが起きてるね。さぁ、どうしようか？」

「懐が深い」と思われるかもしれませんが、そんなことはありません。私は凡人ですから、内心では「弱ったな……」「この忙しいときに……」という思いがなかったわけではない。しかし、それを表に出しても意味がない。いや、「損をする」と考えて、合目的的な言動を心がけただけなのです。

いわば、小心者だからこそ、部下のトラブル報告に寛容な態度を徹底したわけです。突然、手に負えないようなトラブルが噴出するようなことがあったら恐いですからね。そんなことでビクビクしながら日々を過ごすのはゴメンです。それよりも、合目的的に部下と接するほうがよほどいい。

だから、私は、ブリヂストンのCEO着任早々、部下から「よい報告」を受けたときには、「そんなはずはない。順調にトラブルは起きるんだ。そんな報告は信じないよ。第一、よい報告は必要ない」と返事。最初は一様に「え？」と部下はびっくりしたような表情を浮かべましたが、「順調にトラブルは起きるんだ。だから、報告はトラブルを報告すること」と宣言しました。

すると、部下は、仕方がないから、特段のトラブルがなかったとしても、ちょっと気になることなどを教えてくれるようになります。それに対して、「そうか。それでどう対応しようとしているのか？」と冷静にコミュニケーションを図って、解決策を共有すれば、部下も「これなら、トラブル報告をしても大丈夫、むしろそのほうが得だな」と思ってくれるようになる。そして、だんだん「社長によい報告は不要。もっぱらトラブルを報告すればいい」ということが社内で広がっていったのです。

なかには、「社長、やっぱり順調にトラブっていますヨ」と少し嬉しそうにしながら、プロジェクト・フォローアップ会議を開始した者もいました。それを見て少しホッとしたのを覚えています。

というのは、これはリーダーにとって非常に重要な仕事だと思っていたからです。通常はトラブルが起きたとき、〝釈明報告〟に膨大な時間を割かれ、肝心なトラブル対応を考えるのが後回しになるものです。あるいは、トラブルを報告するのが怖くて、それを隠す社風になることもある。これは、非常に危険なことです。

このような事態を避けるには、トラブル報告をポジティブに捉える以外に手はないのです。これさえできれば、全員が一斉に肝心な課題解決の討議を開始することができ、時間をフルに有効に使える。生産性も確実に上がる。トラブルが埋もれるリスクも少なくなる。部下を責めないことは、まさに合目的的なのです。

「合目的的」であることに徹すれば、リーダーシップは生まれる

あるいは、「好き嫌い」という感情も厄介です。

人間誰しも、対人関係においては相性があるため、「好き嫌い」の感情を避けることができません。私もそうです。相性の合う部下もいれば、そうではない部下もいる。正直なところ、「やりにくいな……」と思う部下もいました。ぶっきらぼうで気難しい。とっつきにくくて、何を言ってもネガティブな反応が返ってくる。そういう部下に対して、悪感情をもってしまう自分がいたのは事実です。

しかし、「だからどうした？」と考えました。

「この部下は気に入らないから、取り換えてほしい」と言って、組織に聞き入れてもらえるわけでもありません。与えられたメンバーでプロジェクトを成功させるのが、私に課せられた仕事の目的。であれば、「好き嫌い」という感情は放っておいて、すべての部下に最大限に力を発揮してもらえることを考えるのが正解なのです。

そもそも、会社というものはゲマインシャフト（家族や村落など感情的な結びつきを基盤にした集団）ではなくゲゼルシャフト（目的達成のために作為的につくり上げた集団）です。もともと感情的な結びつきをベースに集まった集団ではないのですから、そのような場所で「好き嫌い」を表に出すこと自体がふさわしくない。それよりも、目的達成に集中すべきなのです。

そして、あらゆる人間は、自ら価値があると感じる目的を達成することに喜びを感じるようにできています。多少、人間的にクセがあったとしても、この点は誰も変わりがないのです。

だから、上司は、まず第一に、部下に対する「好き嫌い」の感情にかかわらず、全員を無理をしてでも公平に扱うことです。上司の〝エコひいき〟ほど、部下のモチベーションを低下させるものはないからです。

それよりも、部下それぞれの強みに合った仕事を与えて、できるだけ任せることです。そして、彼らが目標を達成するサポートに徹する。「自分は価値のある仕事をフルに任されている」という確信さえもってくれれば、どんなにクセのある部下であっても、例外なく、ものすごく頑張ってくれて、確実に結果も出してくれます。そんな部下に対しては、自然とこちらも「好感」をもつようになります。合目的であることに徹することで、それなりの人間関係も生まれるのです。

こうしてチームが順調に動き始めるようになったころ、ある部署のリーダーから、こんなことを言われたことがあります。

「荒川さん、よく彼とうまくやれますね。人間が出来てるんですな」

その人物は、かつて「彼」の上司を務めたときにニガい思いをしたことがあったのでしょう。そう言われて悪い気はしませんでしたが、一方でこうも思いました。「人間など出来てはいない」と。実際、当初、私もてこずったのです。ただ、合目的的であろうと努めるうちに、「扱いづらい」というレッテルを貼られたことのある部下とも、それなりの人間関係を築くことができたというだけのことなのです。

しかし、数年後、別の部署に異動になったその部下から、「荒川さんと働いてたころは楽しかった」と聞かされたときは、複雑な思いがしました。そう言ってもらえて嬉しい気持ちもありましたが、そんなことを言うということは、今の職場で再び「扱いづらい」というレッテルを貼られているのかもしれないからです。

もちろん、彼にも改善すべき点があるとは思いますが、リーダーとは「すべての部下を活かす」のが使命であるはず。安易にネガティブなレッテルを貼って、その部下の力を削ぐようなことは厳に慎むべきです。

とはいえ、そのようなリーダーであるために、無理して人格者であろうとする必要などありません。ひたすら合目的的であろうと努めることで、どんな部下ともそれなりの人間関係を築くことはできるのです。

「自尊心」を傷つけることほど愚かなことはない。

7

Leadership

「敵意」がリーダーシップを根っこから殺す

部下の「自尊心」を傷つけることほど愚かなことはない――。

私は、常々そう考えてきました。

ミスをした部下を怒鳴りつけて、「だからお前はダメなんだ」などと人格否定に走る上司を見るたびに、気分が悪くなるとともに、「なんて愚かなんだろう……」とため息が出たものです。

もちろん、仕事に向かう姿勢に問題があったり、何度も同じミスを繰り返す部下に対しては、厳しく指導しなければならない局面はあります。しかし、その場合であっても、ビジネスの原理原則に基づいて、「何が正しくて、何が間違っているか」を伝えることが重要なのであって、それを通り越して、部下の人格を否定して「自尊心」を傷つけるような言動に走るのは愚行というほかありません。

なぜなら、自尊心とは、人間が生きていくうえで最も重要なものだからです。

「自分は価値のある存在である」という健全な自尊心が失われたとき、人は社会のなかで居場所をもてなくなってしまう。生きていく基盤を失ってしまうのです。だから、自尊心を高めてくれる相手を大切に思う一方で、自尊心を傷つける人間に対しては強い敵意を抱く。それは、皆さんご自身の経験を振り返っても実感できることではないでしょうか。

この敵意が、リーダーシップを根っこから破壊します。

相手が権力をもつ上司であれば、その敵意をむき出しにすることは稀だとは思いますが、その結果生み出されるのは面従腹背《めんじゅうふくはい》。口では「Ｙｅｓ」と言いながら、腹の中では「Ｎｏ」と思っている。「Ｙｅｓ」と聞いた上司は満足するかもしれませんが、その陰で進行するのはサボタージュ。部下は「敵」とみなした上司に対して、サボタージュという形でひそやかな抵抗を続けるのです。

相手に「敬意」を伝えるのが、すべての出発点

このことに、はじめて気づかせてくれたのは、あのタイ人従業員たちです。結局のところ、あのトラブルを引き起こした原因は、私が彼らの自尊心を傷つけたことにあります。彼らは、工場立ち上げの戦場のように忙しいなか、精いっぱいの努力をしていたのです。しかも、彼らのなかには在庫管理の経験をした者はいなかった。勝手のわからないなか、なんとかうまくやろうと必死だったのです。

にもかかわらず、私のような肩書も実績もない若造が突然現れて、頭ごなしに彼らを否定してしまった。これが、彼らの自尊心を傷つけるのは当然。「なんだ、この生意気な若造は」と怒らないほうがおかしいのです。そして、彼らはあからさまなサボタージュに打って出て、私を窮地に追い込んだわけです。

しかし、実は、私に肩書も実績もなかったのがよかったのかもしれません。なぜなら、もしこのときに私に肩書や実績があれば、彼らは敵意を抑圧したかもしれない。そして、イヤイヤながらも私の指示に従って在庫管理を適正化して、私があのような問題に直面することがなかったかもしれないからです。

もし、そうならば、私は自尊心を傷つけることの恐ろしさに気づくのが、もっと遅かったかもしれません。いや、いまだに気づいていなかったかもしれません。その意味では、肩書も実績もないペーペーの時代に、リーダーシップを発揮しなければならない局面に立たされてカベにぶつかるのは、「つらい経験」ではありますが、「よい経験」なのかもしれません。リーダーシップの本質を、オブラートに包むことなく教えてもらえるからです。

ともあれ、あのとき私は態度を180度転換。

彼らにそっぽを向かれてしまった理由を真摯に反省したうえで、彼ら一人ひとりに率直に謝罪するとともに、丁寧なコミュニケーションを図るように努めました。最大の注意を払ったのは、彼らに「私はあなたという存在を尊重します」という意思を伝えること。それが、すべての出発点だと考えたのです。

それ以降、私は、誰かの自尊心を傷つけることのないように細心の注意を払ってきました。自尊心を傷つけてしまったときには、必ず「敵意」が生まれる。その「敵意」が組織を台無しにしてしまうことを、身をもって学んだからです。

「学べるのは他者からだけ」という自覚を常に忘れない

しかし、これは実に繊細な問題です。

「だからお前はダメなんだ」などと、部下の人格を否定するのが論外なのは当然のことですが、そこまであからさまでなかったとしても、心のなかで「こいつはダメだな」と思っていれば、その気持ちは必ず部下に伝わってしまうからです。

「上司は部下を理解するのに3年かかるが、部下は上司を3日で見抜く」といわれますが、これは真理です。直属の権力者である上司の一挙手一投足を、部下はじっと観察しています。ちょっとした仕草、ちょっとした言動から、上司の真意を敏感に読み取るのです。

だから、ごまかしがきかない。上司がどんなに自尊心を傷つけないことを意識して〝演技〟をしたところで、部下は一瞬で、上司が仮面をつけていることを見破ってしまうのです。

では、どうすればよいか？

実は、私も、いまだに明確な答えはもっていません。

もちろん、守るべき指針はあります。仕事と人格は別問題と明確に区別することです。仕事は結果がすべてであり、結果を出すことができなかった部下には、それなりの評価をつけざるを得ませんが、たとえ低い評価をつけたからといって、それはあくまで仕事の評価。人格とは無関係の問題なのです。

そもそも「地位の差」など、「人格の差」でも「人間性の差」でも「人間力の差」でもない。にもかかわらず、地位が上だというだけで、「あいつより自分のほうが価値ある人生を送っている」などと腹のなかで思って、偉そうな態度をとる人物を見るとバカに見えてくるというのが、多くの人の共通した気持ちだと思います。

だから、仕事の評価にかかわらず、すべての部下を自分と同じ人間として尊重する方が絶対に「得」です。こんなことでバカに見られたくないですからね。そして、バカだと思われたらリーダーは務まりませんから、この姿勢を徹底することはリーダーとしての絶対条件でしょう。

しかし、人間とはどこまでも度し難いものです。

どんなに気を付けていても、間違った心が忍び寄ってくる。だから、結局のところ、

「自分は未熟な人間である」

「他者より絶対的に優れているところはない」

「他者からしか学べない」

という自覚を持ち続けるしかないのではないでしょうか。

そして、常に自分の言動が誰かの自尊心を傷つけていないか、逆に言えば、「自分を貶《おと》めて」いないかと自問する。そうして自らを律していくしかないと思うのです。

その意味でも、リーダーは小心者であるべきなのです。

8

Leadership

優れたリーダーは「傾聴」する。

「優れたリーダー」か否か、会議室に入った瞬間にわかる

「優れたリーダー」か「ダメなリーダー」か……。

その人物が主催する会議を見れば一目瞭然。

会議室に入った瞬間にわかる、と私は考えています。

優れたリーダーの会議にはポジティブな空気がみなぎっています。

参加者全員が、「思ったことを発言してもいい」「もしも、的外れなことを言ってしまっても危害を加えられることはない」という安心感があるから、前向きで自由闊達《じゆうかったつ》な雰囲気が生まれるのでしょう。そして、さまざまな意見が飛び交うなかで、想定外の優れたアイデアが生まれる。リーダーが下した結論に対する納得度も高い。だからこそ、その結論を実行するチームワークが機能するわけです。

一方、ダメなリーダーの会議は重苦しい空気で支配されています。

よく見かけるのは、リーダーの独演会になっているか、リーダーが信頼する数人の

メンバーだけが発言しているケース。それ以外のメンバーが何かを口にしても、言下に否定されたり、途中で遮られたりする。その結果、萎縮《いしゅく》したメンバーが押し黙っていると、今度は、「発言しない人間はいらない」などと追い詰められる。これでは、会議は死んでしまうに決まっています。

そして、数人の偏った意見に基づいた結論が下され、他のメンバーはイヤイヤながらもその結論に従わざるを得ない。このような会議をいくらやっても、生き生きとしたチームワークなど生まれるわけがないのです。

なぜ、このようなことが起きるのか？

リーダーが思い上がっているからです。「自分は答えを知っている」「メンバーのなかで、自分がもっとも優秀だ」……。無意識的であっても、このような思いをもっているがために、部下の話を聞くことができない。むしろ、「答えを教えてやらなければならない」などと〝上から目線〟になってしまう。その結果、会議を制圧しようとしてしまうのです。

その意味で、注意が必要なのは、プレイヤーとして優れた実績を出してきたリーダーです。実績というものは、メンバーにとっては権威そのもの。実績をもつリーダーであるというだけで、他のメンバーを〝黙らせる〟には十分。そのうえ、「実績をもつ自分は答えがわかっている」などと思っていると、アッという間に会議を殺してしまうでしょう。

「答えがわからない」という臆病さをもつ

しかし、ビジネスにおいて「答え」をもっている人間などいるでしょうか？

ビジネスは、あらかじめ「正解」が用意されているテストとはまったく異なります。ビジネス環境は刻一刻と変化を続けており、過去の実績に基づく方法論が通用するとは限りません。「昨日の正解が今日の不正解」というのがビジネスの現実なのです。

そもそも、ビジネスとは、リソースを投入してリターンを得る活動です。つまり、リターンを得られるかどうかは、未来になってみなければわからないということ。そして、どこにも未来がわかる人間などいません。であれば、ビジネスにおいて「答え」がわかっている人間というのは、原理的にありえないはずなのです。

優れたリーダーになるためには、この点を強く認識しておく必要があると、私は思っています。いや、臆病でなければならない。「自分が正しいと思っていることが、本当に正しいのだろうか?」「自分が答えだと思っていることは、間違っているのではないか?」と懐疑的でなければならないと思うのです。

だからこそ、部下の意見にも真摯に向き合おうとし始めるからです。「自分には答えがわからない」と考えているリーダーは、まさか会議で部下が自由に意見するのを妨げようとは考えないでしょう。自分が話すよりも、さまざまな部下の意見に耳を傾けることによって、その時点における最適解を発見することに集中するはずなのです。

もちろん、部下に好き放題に発言させればいいわけではありません。

しかし、チームに秩序を与えるのは、リーダーの統制ではありません。重要なのは、日ごろからリーダーが、メンバーに正しい目的意識をもってもらうように働きかけること。そして、それぞれの持ち場で、その目的のために全力で取り組むように励まし続けることです。正しい目的意識をもって、仕事に真正面から取り組んでいる部下であれば、必ず、チームに貢献するために発言しようとするはずです。リーダーが会議を過剰にコントロールするのをやめても、メンバーが好き放題に発言して、会議が迷走するような事態を招く心配は不要なのです。

そして、発言者の年次や実績によって序列をつけるようなことは厳に慎むべきです。すべての部下の意見は傾聴に値します。新入社員であれば、社内の〝常識〟に染まっていないからこそ、古参メンバーが見落としていることに気づかせてくれるかもしれません。あるいは、現場でユーザーと直接コミュニケーションを取っている若手社員には、リーダーにはわからない肌感覚に裏打ちされた意見があるはずです。そこには、必ず、リーダーにとって意味のあるヒントが隠されているのです。

むしろ、発言力のあるベテランに注意をしたほうがいいでしょう。万一、チーム内に実績や年次を背景に会議を〝制圧〟しようと、他のメンバーの意見をないがしろにする人物がいれば、その人物こそが邪魔者。リーダーが毅然として、そのような言動をやめさせる必要があるのです。

「英語」が自由闊達な議論を殺す⁉

誰もが発言しやすい環境を壊すのは、人間だけではありません。

私がブリヂストンＣＥＯ時代に、自由闊達な議論を邪魔するものとして目をつけたのが「英語」でした。

ブリヂストンはグローバル企業ですから、国際的な会議における共通語は英語ですが、この英語がクセモノなのです。というのは、ネイティブ・スピーカーである英米人が、アジアや中近東などの非ネイティブが話す英語を軽んじる傾向があるからです。

なにも英米人だけが悪いわけではありません。非ネイティブも自分が話す英語に自信がないために、遠慮して発言を躊躇してしまう。その結果、ともすると国際会議の各海外事業所の代表が英語がうまいかどうかで決まったり、国際会議での発表者の大半が英米人となってしまうなどの弊害が起きていました。双方の〝妙な心理〟が働いて、自由闊達な議論が阻害されていたのです。

しかし、私たちの目的は〝綺麗な英語〟で話すことではありません。英語というコミュニケーション・ツールを使って意見を戦わせることで、グローバル・ビジネスにおける課題を解決することが目的です。であれば、別に〝綺麗な英語〟で話す必要などないではありませんか。

そもそも、ブリヂストンには14万人超の従業員がいますが、純然たるクイーンズ・イングリッシュを話せるのは、私が知る限りただひとり。彼は、BBCのアナウンサーにもなれるでしょう。それはそれで素晴らしいことだとは思いますが、そのことと

「よいアイデアを話す」かどうかは関係がありません。重要なのは、すべてのメンバーに、議論の土俵に上がってもらうこと。そして、彼らが「何を言うか」です。「中身のある」ことを、自由に話し、説明し、相手に伝わりさえすれば、それで十分なのです。

「誰もが発言しやすい環境を整える」のがリーダーの役割である

そこで、私は、こう宣言しました。

ブリヂストンにおける英語は、仰々しく堅苦しい「オフィシャル・ランゲージ（公用語）」ではなく、ビジネスライクな「コモン・ランゲージ（共通語）」である「ナショナル・イングリッシュ」でいこう、と。

「ナショナル・イングリッシュ」とは、世界各国の社員たちが、自国で学んで身につけた〝独自の英語〟を指す私の造語です。英米人は、他の民族の英語を「ブロークン・イングリッシュ」とか「バッド・イングリッシュ」などと言うことがありますが、こちらからしたら米国人、英国人であってもそれぞれ地域差、個人差があり、「これでも英語か？」とボヤキたくなるほど非常に聞き取りづらい発音をする人物も多い。お互いさまなのです。

それに、今やビジネス界では、民族の数と同じくらいのさまざまな英語が使われているのが現実です。話している人数を勘定したら、どれが最もメジャーな英語かわからないほどです。その現実を踏まえれば、英米人の英語でなければならないという理屈にこだわる必要はないではありませんか。

だから、発音にクセがあっても、多少文法がでたらめでもかまわない。伝わりさえすればいい。ブリヂストンにおいては、「堂々とナショナル・イングリッシュを使うべきだ」と宣言したのです。「綺麗な英語を使わなければならない」という邪魔な意識を取り除いたわけです。

英語が母国語のアメリカ人の英語もイギリス人の英語もそれぞれ等しく「ナショナル・イングリッシュ」であり、「ワン・オブ・ゼム」だと位置づけたわけですが、これは、なかなか効果的でした。それまで、遠慮がちだった非ネイティブの社員たちが積極的に意見を言ってくれるようになったからです。そして、それまで以上に、各国のリーダーの考えをよく理解できるようになりました。これによって、ブリヂストンは真のグローバル企業へと一歩前進したと確信しています。

誰もが発言しやすい環境を整える——。

これは、リーダーが果たすべき重要な役割のひとつです。

そのためには、まず第一に「自分は答えを知らない」という謙虚さを堅持したうえで、相手の話を「傾聴」する姿勢を徹底すること。そして、一人ひとりのメンバーが、自らの意見を表明する邪魔をするものを、徹底的に取り除くことが大切です。これができたとき、優れたリーダーへと近づくことができるのです。

「格好いい言葉」を使ってはならない。

9

Leadership

コミュニケーションとは、「伝える」ことではない

「言葉」は、リーダーの重要な武器です。

常日頃からどういう言葉を口にしているかはもちろん重要ですが、要所要所でどのような言葉を打ち出すかによって、チームの盛衰は決すると言っても過言ではありません。明確な方針・戦略を伝え、メンバーの士気を高める。そんな言葉を打ち出すことができるかどうかで、リーダーの力量は測られるのです。

ところが、ここで勘違いをするリーダーがいます。「伝えたいこと」「伝えるべきこと」を伝えることに終始してしまうのです。特に、「リーダー＝上に立つ者」という誤解をしている人はこの傾向が顕著。「下」にいる者は「上」の発する言葉を受け止めなければならないと考えているために、独りよがりな言葉を発して平然としている。そして、「下」がその言葉に従わなければ、自らを省みることなく「下」を責める。結果、チームの士気は落ち、機能不全へと向かっていくのです。

コミュニケーションとは「伝える」ことではありません。「伝わった」ときに、はじめてコミュニケーションが成立したと言うことができるのです。これは、あらゆる人間関係において当てはまる真理。リーダーがメンバーと向き合うときも、絶対に守らなければならない原理原則なのです。

だから、言葉を考えるときには、必ず「相手」の視点に立って考えなければなりません。自分が言いたいことをそのまま言葉にするのではなく、相手に理解しやすく、記憶に残りやすく、実行に移しやすいように工夫をする。リーダーが言葉を発するときには、このプロセスに細心の注意を払わなければならないのです。

「短い言葉」で、メンバーの頭に刻み付ける

特に、何かにチャレンジするときや、改革が必要なときには、言葉を徹底的に磨き上げる必要があります。とはいえ、何もコピーライターになるわけではありませんから、言葉に凝る必要はありません。伝えるべきことの本質を明確にして、それをわかりやすく、印象に残る言葉にする。それができれば十分だと思います。

第一の要件は、「短い言葉」であることです。

ダラダラと話しても、メンバーは話を理解するのに精いっぱいで、心に刻み付けるところまではいきません。「短い言葉」でインパクトを与える。そして、そのキーワードをことあるごとに、耳にタコができるほど繰り返すことによって、ようやくチームに浸透していくのです。

たとえば、私がブリヂストンCEO時代にスローガンとして掲げたものに「4倍速」という言葉があります。新興国のタイヤメーカーは規模が小さいだけに動きが速い。それに後れを取って致命的なダメージを受けることを恐れたため、「ライバルが2倍、3倍のスピードで挑んでくるのは当たり前なので、我々はいまの4倍速を出さなければ勝てない」というメッセージを出したのです。

要するに、「スピード経営を徹底する」ということですが、これだけでは言葉として弱い。そこで、「4倍速」という言葉を私なりに考え出したわけです。単に「スピードを上げよう」というよりも、数字が入ったほうがインパクトがありますし、「2倍速」では急き立てる感じが出ない。だから、「2倍速」のさらに倍ということで、

「4倍速」という言葉を使ったのです。

そして、部下の動きが遅いと感じたときには、「4倍速で頼むよ」「2倍速じゃダメだ。4倍速じゃないと負けるよ」と、「4倍速」という言葉を連打。短い言葉ですから何度も耳にすると、必ず脳に定着します。しかも、短い言葉だからこそ、部下たちも口にしやすい。自然と、組織のなかに「4倍速」という言葉が浸透していくのです。そして、言葉が浸透すれば、「仕事のスピードを上げなければならない」という意識が定着し、個々の行動を変えていくのです。

危機的な状況においては、「択一」を明確に打ち出す

このように、リーダーの言葉はシンプルを心がけるのが基本です。

危機的な状況に置かれているときは、なおさら、その意識を強くもたなければなりません。切羽詰まった状況において「あれもこれも大切」というメッセージを受け取ったメンバーは困惑します。必ず、「これがいちばん大切だ」というシンプルなメッセージを打ち出して、その一点にメンバーの力を集約させる必要があるのです。

たとえば、私がブリヂストン・ヨーロッパのCEOを務めていたときに、ある子会社のCEOに「売上とシェアのことは考えなくていい。とにかく利益を出すことに集中してほしい」と明言したことがあります。

本来、ビジネスは「売上」「利益」「シェア」などいくつかの指標を意識しながら進めなければならないものです。自社の「売上」「利益」が目標を達成していても、「シェア」を落としていれば、早晩、ビジネスは厳しくなってきます。タイヤ産業のように、規模の経済が強力に働く分野では特にそうです。だから、私は、タイ・ブリヂストンのCEOのころから、常に「シェアを忘れてはいけないよ」と部下たちに注意を促してきました。

しかし、私がブリヂストン・ヨーロッパのCEOに就任した当時、ヨーロッパ事業全体が厳しい財務状態に陥っていました。なかでも、経営の足を引っ張っていたのが件《くだん》の子会社でした。まさに、潰れるか否かの切迫した状況でしたから、「売上」「シェア」を維持するために赤字事業を続けるわけにはいかない。とにかく黒字を出すことに専念すべきなのです。

だから、私は「売上とシェアは捨てていい。その結果については私が責任をもつ」と明言。事業規模を縮小させてでも、健全な事業体に作り替えることが先決。売上やシェアの拡大は、足場を固めてから再度チャレンジすればいい、と優先順位を明確にしたのです。

これで、子会社のCEOは迷いなく、利益確保に全力を集中させることができた結果、最悪の事態は回避。その後、多少時間はかかりましたが、売上とシェアを再び回復していくこともできました。このとき、私は、ターニングポイントにおいては、リーダーは「択一」のシンプルなメッセージを発する必要があることを、改めて痛感したものです。

そのために大切なのは何か？

まず第一に、リーダーが「捨てる」覚悟をもつことです。ギリギリの局面では、何かを捨てなければ、何かを得ることはできません。何かを得るためには、まず捨てなければならない。先ほどのケースで言えば、「売上」と「シェア」を捨てなければ、「利益」を取ることはできないのです。

そして、「捨てる」決断ができるのはトップリーダーしかいません。その結果、問題が生じたときには、自分が全責任を背負わなければなりませんが、その責任を逃れるために中途半端なメッセージを発して最悪の事態を招くとしたら、それはあまりにも愚かなことです。最悪の事態をとことん恐れていれば、そんな愚かな選択はできないはず。つまり、絶体絶命の局面で有効な「言葉」を発するためには、最悪の事態を恐れる小心者であることが重要だということです。

「当たり前」のことを繰り返し語り続ける

リーダーの「言葉」に関しては、もうひとつ重要なポイントがあります。年頭の挨拶など定期的にメンバーに語りかける「言葉」がありますが、このような場面では原理原則に類する「当たり前」のことを何度も何度も語り続けるべきだと、私は考えています。

実際、私がＣＥＯを務めていたころの年頭挨拶はまったく面白味のないものでした。「また同じこと言ってるよ」と思った社員も多かったと思いますが、私は、そこに値打ちがあると思っていました。リーダーとは、その組織の根本的な価値観を体現する存在です。その存在が話す度に違うことを言っているようでは、組織全体で徹底的に共有すべき価値観が不明確になってしまうと思うからです。

気の利いたリーダーであれば、最新の〝流行り言葉〟を織り交ぜながら、流暢《りゅうちょう》に、聞き心地のいい挨拶をするかもしれません。しかし、数年経ってみたら、たいていその〝流行り言葉〟は組織になんの影響も与えず、色あせているもの。ということは、そのときの「言葉」も、しょせんその程度のものにすぎなかったということです。

ビジスの背骨は、たかが数年で変わるようなものではありません。〝流行り言葉〟を口にすれば格好いいかもしれない、などというのは浅はかな下心にすぎません。それよりも、リーダーが愚直に「当たり前」のことを語り続けることによってこそ、図太い背骨の通った経営をすることができるようになるのです。

リーダーは、〝格好いい言葉〟を吐くな

リーダーは〝格好いい言葉〟を使ってはならない――。

私は常々そう思っています。リーダーは愚直に本質的な言葉だけを使うべきであって、〝格好いい言葉〟で身を飾ろうとするのは邪道だからです。そういう言葉を使いたがる人物は、実際のところは何かをごまかそうとしているもの。ちょっと見た目は格好よくても、実のあることはできないものです。

とはいえ、世の中には、そんな人物に使い勝手のいい〝格好いい言葉〟が溢れています。たとえば、「存在感のある2位になる」とか「価値ある3位になる」といったスローガン。「存在感のある」「価値ある」という前置きにごまかされてしまいそうになりますが、要するに、全員でチャレンジして高みをめざす、夢のある成長する会社にすることなど初めからギブアップし、「2位、3位」に甘んじていてもよいということを、ちょっと格好よく表現しているだけのことなのです。

しかし、これが深刻な弊害を組織にもたらします。

なぜなら、ビジネスには（ニッチな領域でも構わないから）1位になるというチャレンジ精神溢れる組織文化が非常に大事だからです。これがなければ企業は成長せず、最終的には生き残れない。にもかかわらず、このようなスローガンを掲げれば、端《はな》から負けを認め、勝つことなど考えるなと宣言していることになります。「2位、3位でよい」と自ら枠をはめているだけであり、もっと言えば、リーダーが重大な逃げ口上を言っているだけのことなのです。

しかも、その瞬間に、永久に1位になる道は閉ざされます。その地点に近づくことすらできない。そして、1位の企業の二番煎じに終始する、夢のないバタバタ仕事に明け暮れる結果に終わるのです。1位を獲るのはきわめて難しいことですが、それでも、それを堂々と目標に掲げチャレンジする。そして、必死に努力する。すると思いがけない展望が開けてくる。1位を目標に掲げて努力を続ければ、実現できる可能性は絶対にあるのです。

だから、リーダーは現在の順位をひとつ上げるだけのような目標設定を絶対にしてはいけません。

必ず1位を目標に据える。高い目標を掲げて、メンバーと一丸となって知恵を絞る。苦しいチャレンジだからこそやっているうちに面白くなるし、みんな虜《とりこ》になります。そして、その目標を達成できなかったのならば、それを潔く認めて、次にどのような戦略で再チャレンジをするのかをみんなで話し合う。そのうえで、何度チャレンジしても目標を達成できず、何も変わらない、何も起こらないのであれば、リーダーが責任をとる。そして、次のリーダーに託せばいいのです。

結局のところ、その覚悟がないから、〝格好いい言葉〟を使って身を飾るのだと、私は思います。しかし、そうして自分の保身を図る結果として、組織の活力をなくし、弱体化するのであれば、それはリーダーシップとはかけ離れた行為と言わざるを得ません。組織を成長させることをすべてに優先する。それこそが、リーダーのあるべき姿なのです。

「原理原則」を死守する。

10

Leadership

「原理原則」から外れたときに、すべてが崩れる

ビジネスには原理原則があります。

これは、決して小難しい理屈ではありません。「生命を大切にする」「環境を大切にする」「ウソをつかない」「高い品質を保証する」など、小学生にもわかる当たり前のことです。しかし、この当たり前のことを毀損《きそん》したときにすべてが崩れる。自分たちの会社や仕事そのものが社会的に否定される。原理原則とは、そんな厳粛《げんしゅく》な存在なのです。

ところが、それほど重要なものであるにもかかわらず、しばしばなおざりにされているのが現実です。粉飾決算、原材料偽装、過労死……。これら、日々報道される問題は、すべて原理原則を踏みにじった結果として生じたもの。そして、ときには、会社そのものを存亡の危機に陥れてしまうのです。

なぜ、こうした問題が起きるのか？

さまざまな議論があると思いますが、結局のところ、リーダーのあり方に帰結すると私は考えています。組織の意思決定の最後の砦《とりで》はリーダーです。どんな事態が起きても、リーダーが原理原則を死守できるかどうか。これが、組織のありようを決定づけるからです。


とはいえ、これは口で言うほどやさしいことではありません。

なぜなら、ビジネスは常に相反する価値観の相克《そうこく》のもとにあるからです。

たとえば、利益と品質。事業を健全に進めるためには、適正な利益を確保しなければなりません。だから、原価率をできるだけ下げて、利益を確保する不断の努力は必要不可欠です。その不断の努力があってこそ、異次元の製品・サービスを生み出すイノベーションは生まれるのです。

ところが、経営状況が悪化したときなどには、こうした健全な努力を逸脱する誘引が働きます。品質を落としてでも原価率を下げることによって、利益を確保できるのではないか……。その気持ちは、わからないではありません。経営者にとって利益は重要な指標ですから、この数字が悪化するのが恐い。なんとか利益を出したいというのは、経営者に共通する切実な願いだからです。

しかし、これが危ない。ビジネスとは、お客様に信頼されるからこそ成立するものですから、「高い品質が第一」と掲げているなら、これは絶対に外せない原理原則。それをなおざりにすることによって、お客様の満足よりも〝不健全な利益〟を優先する組織に変質していくでしょう。その結果、短期的には利益を得られても、お客様の信頼を徐々に失い、長期的に衰退していくほかなくなるのです。

さらにエスカレートすれば、「ウソをつかない」という原理原則すらも逸脱しかねません。たとえば原材料偽装。お客様には高品質な原材料を使っているとウソをつきながら、安価で粗悪な原材料を使って利益を出そうとするわけです。ここまで来てしまえば、社会的制裁は避けられないでしょう。

「中途半端な小心者」が大きな過ちを犯す

このような誤った判断をする背景には「恐怖心」があります。

利益を出せなければ、資金繰りが悪くなる。株主から非難され、金融機関からも締め上げられるかもしれない。その「恐怖心」から逃れるために、原理原則を踏み外してしまう。いわば、小心者ゆえの間違いなのです。

しかし、だからといって、小心者であることを非難するのは当たらない、と私は考えています。むしろ、中途半端な小心者だからこそ、このような間違いを犯してしまうのです。たしかに、利益が出せないのは重大な問題です。しかし、これは、正しい努力をすれば解決できる問題。一時は苦労を強いられるでしょうが、組織が健全でありさえすれば挽回可能な問題なのです。

一方、原理原則を外れても、その瞬間に問題が顕在化するわけではありません。不謹慎な言い方ですが、たとえ原材料偽装をしても、世間にバレさえしなければ問題にはならない。だからこそ、利益が減ることを恐れる経営者は、ここに逃げ込もうとしてしまうのです。

しかし、これが組織を不健全にします。

社員たちは自分の仕事にプライドを失い、組織のモラールは地に落ちるでしょう。そして、経営状況を改善する正しい努力を放棄するに違いありません。会社が根底から腐り始めるのです。そして、不正が白日のもとにさらされた瞬間、すべては崩壊してしまうのです。

これほど、恐ろしいことがあるでしょうか？　私には、こんな恐ろしいことをする度胸はとてもありません。小心者だからこそ、原理原則を外すことができない。その強い恐怖感が、ブリヂストンＣＥＯとしての私を突き動かしていた大きな原動力だったのです。

「安全第二」というならば、絶対に「安全」を最優先にする

私は、ブリヂストンＣＥＯとして原理原則を徹底してきました。

たとえば、安全第一。世界中の工場には「安全第一」という標語がデカデカと掲げられています。これは、当たり前のことです。「生命を大切にする」のは企業活動の最も根底に据えるべき原理原則だからです。

社員を危険にさらしながら、利益を追求するなど人道にもとること。そんな会社で誠実に働いてくれる人などいるはずがありませんし、万一事故が起きれば取り返しがつきません。社会的にも厳しい制裁が科せられるでしょう。

それに、私は同じ企業に勤める者には、可能な限り同じ職場環境を用意するのが原理原則だと考えています。ホワイトカラーは安全なオフィスで働いているのに、ブルーカラーは危険な工場で働いているのは、明らかに不平等です。そして、不公平感は会社の根っこを蝕《むしば》みます。だから、工場もオフィスと同等に安全な環境にするのが経営の責任だと思うのです。

ところが、これを実現するのは簡単ではありません。

どの工場でも、安全第一が重要事項であることは認識されており、活発な安全活動が進められていますが、それでも「完全安全」を実現するのは難しい。一人ひとりの従業員の「安全意識」の問題も含めて、複雑な事情が絡み合っているからです。そして、その一つひとつの問題が相反する価値の相克のもとに置かれているから、解決していくのが難しいのです。

設備ひとつとってもそうです。これには、端的に言うと「お金」がかかります。危険な工程をなくすために、個別の設備改修を行うだけでも、工場設備の数が多いために、かなりの資金を投入する必要があります。あるいは工程全体を丸ごと買い替える必要があるかもしれないし、工場そのものをつくり直す必要があるかもしれない。そうなれば、ケタ違いの投資が必要です。つまり、「安全第一」と「利益」という相反する価値の相克があるわけです。この現実を、私は長年の工場経験から身に染みて学んでいました。

だから、私はＣＥＯに就任したときに腹をくくりました。どんなに利益が圧迫されても、安全第一というからには、利益よりも納期よりも何よりも安全を最優先にする、と。そして、この「択一」のメッセージを全社に明確に発信しました。

「原理原則」は万能の判断基準である

その後、ある工場で設備が故障したことがあります。生産をストップすれば、他の工程にも影響が出るため、場合によっては億単位の損失が発生しかねない。そして、生産をストップさせないためには、標準作業外の危険を伴う人力作業をせざるをえない。そのような報告がもたらされたのです。

もちろん、私は即座に生産ストップを指示。「いかなる場合でも安全第一。安全確保のためなら、損失額はいくらになっても全く気にしなくていい。すぐ、生産を止めること。また、安全のために計画を立てて、大きな投資も積極的にやっていく」と改めて明言しました。

多額の損失を出したり、投資額が膨らむことは、経営的にはネガティブではありますが、原理原則を踏みにじることで組織に与えるネガティブな影響のほうがよほど恐い。だから、なんの迷いもなく、当然のこととしてこの指示をしたのです。

どんな理由であれ、リーダーが原理原則をないがしろにした瞬間に、組織は弛緩《しかん》します。誰も「安全第一」という原理原則を信用しなくなるのです。その結果、組織全体で安全意識はもちろん、それ以外の原理原則も根っこから揺らぎ始めます。そのような事態をこそ、リーダーは恐れなければならないのです。

それだけ、企業経営において原理原則は絶対的な存在なのです。

ただし、これを制約と捉えるのは間違いです。むしろ、リーダーの判断を助けてくれるものと考えるべきです。

なぜなら、原理原則は、相反する価値観の相克である企業運営において、ずっと変える必要がない「万能基準値」のようなものだからです。どんな相克が立ち現れても、この「万能基準値」に照らせば、自ずとどちらを取るべきなのかは明確になる。しかも、あまりにも「当たり前」のことであるがゆえに、世界中どこでも、どんなときでも、どんな人種でも通用する普遍性をもっている。まさに「万能」なのです。

そして、この「万能基準値」を何よりも大事にしてきたからこそ、在任中に、リーマンショックや東日本大震災などの未曾有の事態が起きたときも、組織を大きな危機に陥らせることなく、「名実ともに世界ナンバーワンの地位」を確立するために、やるべき改革を成し遂げることができたのだと考えています。

しかし、私が剛毅《ごうき》な人間だから、原理原則を死守できたというのは当たりません。むしろ、小心者だからこそできたのです。ただし、中途半端な小心者ではなかった。目先の利益や売上が減ることを恐れるのではなく、組織を深刻な事態に追い込むきっかけをつくることを心底恐れていた。だからこそ、原理原則を絶対に曲げなかったのです。

だから、若い皆さんにはこう伝えたい。

中途半端な小心者になるな。

真の小心者になれ、と。

「臆病さ」を笑う者は必ず失敗する。

11

Leadership

リーダーにとって、「臆病さ」は美徳である

「臆病さ」を笑う者は必ず足をすくわれます。

なぜなら、世界は常に不確実だからです。一寸先は闇。いつ何が起こるか、誰にもわかりません。今現在がどんなに順調でも、いつか必ず状況は変わります。にもかかわらず、甘い見通しのもと漫然と仕事をしていれば、一瞬で窮地に陥る。それが、この世界の現実なのです。

だから、リーダーにとって「臆病さ」は美徳です。メンバーの誰よりも、臆病な目で世界を見つめる。あらゆるリスクを想定して事前に手を打ち、環境変動の兆候をいち早くキャッチして対応策を打つ。そんな臆病なリーダーでなければ、組織を継続的に存続・発展させることは不可能。重要なのは、臆病なセンサーの感度を極限にまで上げ、リスクを最小限におさえるために工夫することなのです。

それを痛感したのは、タイ・ブリヂストンのＣＥＯ時代のことです。

すでに書いたように、第２工場の建設について、なんとか日本本社の決裁を得たの

はよかったのですが、「資金はタイ・ブリヂストンで調達せよ」という条件を付けられました。そこで、タイの日系金融機関から融資を受けたのですが、当時、タイの通貨バーツは、借り入れ金利が年利十数%と高金利でした。そこで、金利がバーツの約半分だったドルで借りることにしました。

問題は為替リスクです。当時のタイは経済成長が著しく、バーツはドルに対しても非常に強かったので、為替予約などのリスクヘッジをせずに、ドルを〝裸〟で使っても全く問題がない。むしろ、リスクヘッジをすればコストが発生しますから、その分資金のコスト高になるわけです。だから、タイの優良企業や、日本企業のタイ法人の多くはリスクヘッジをせずに、ドルを〝裸〟で使っていました。

しかし、私はこれが恐かった。いつ何が起きるかわからないからです。そこで、私は万全のリスクヘッジをかけることを選択。周囲の経営者のなかには、そんな私を笑う人もいました。「バーツは強く、今後はより強くなる予測さえあるんだから、ドルで返すときには、借金の金額が減る可能性だってある。うちはドルを〝裸〟にしているおかげで安いコストで大きな投資もできている」というわけです。

しかし、私はそんな指摘を受けても、「そんなものですかね」と笑って聞き流していました。なぜなら、為替差益などというものは本業とは関係のないものだからです。

誤解を恐れずに言えば、〝あぶく銭〟みたいなものなのです。

それよりも、重要なのは「実力」。本業でしっかりと稼いでいる限り、為替差益などなくとも健全な経営はできます。むしろ、恐れるべきなのは、実力で稼いだ利益を為替差損で飛ばしてしまうこと。それは、現場で一生懸命に汗を流しているメンバーを裏切るに等しいことです。現場のモチベーションこそが会社の力の源泉。それを傷つけるようなことをしてはいけないと考えたのです。

そして、その後、私の危惧は的中しました。突如、バーツが暴落。アジア通貨危機の引き金を引いたのです。もちろん、リスクヘッジをしていなかった企業は大損害を被りました。私はこの事態を予測していたわけではありませんでしたが、臆病であったことでまったくの無傷。着々とタイで業績を上げていましたから、余力をもちながら借金を返済することができたのです。

「目先の利益」よりも、「実力」を養うことを優先する

この経験は、私に大きな教訓を与えてくれました。

ビジネスは予測不可能なゲームです。地政学的状況変化、経済情勢、株価、為替などを完全にコントロールできる主体などこの世にはありません。だから、私たちは、世界の動向に対してとことん臆病でなければなりません。

しかし、経済活動というものは、しょせんは人為的な営みにすぎないとも言えます。人為的な営みであるからこそ、人為的なリスク回避策を立てうるはずなのです。為替リスクという予測不可能性に対しては、種々のリスクヘッジ策が用意されています。こうした手立てを愚直に講じることによって、かなりのリスクを回避することができる。いわば、リスクを「自分の手のうち」に収めることができるのです。

だから、グローバル企業の経営者のなかには、「円高に振れたために売上・利益が失われた」と言う人もいますが、私には〝言い訳〟にしか聞こえない。為替リスクがあるのはビジネスの前提なのですから、たとえば超円高だったときの「1ドル70円」でも常に健全な経営ができる仕組みをつくればいいのです。「1ドル70円」よりもさらに円高になるリスクもありますが、100円で設定した場合に比べれば、万一の場合であっても浅い傷で済むでしょう。

実際、私は海外担当だったころからこれを徹底していました。海外部門の業績評価を為替のせいにしてはならないと考えていたのです。もしも、円安に振れたら売上・

利益は増大しますが、それは〝ボーナス〟だと捉える。たまたまもらった〝ボーナス〟を実力で稼いだものなどと考えるのではなく、常に「1ドル70円」だったら業績はどうだったかという視点で考える。そして、「実力」を磨くことにのみ専念する。これを徹底しておけば、為替リスクを「手のうち」に収めておくことはできるのです。

これは為替に限ったことではありません。あらゆる経済現象に対して当てはまることだと私は考えています。その意味で、「自然」という完全にコントロール不可能な存在を相手にする農家さんに比べれば、私たちのビジネスは非常に簡単なものだとも言いうる。重要なのは、世界を臆病な目で見つめ、常に「リスクを自分の手のうちに収める」ためにできる限りの手立てを講じておくこと。これこそが、リーダーの果たすべき役割なのです。

強いライバルが現れたら、「戦う土俵」を変える

ライバルの動向にも臆病でなければなりません。

いちはやくグローバル競争に突入したタイヤ業界では、世界中のタイヤメーカーと

熾烈な競争を強いられてきました。ブリヂストンは2005年に、ミシュランを抜いて世界トップシェアを奪還しましたが、それでも一瞬たりとも気が抜けない。突然、新興国の企業が安価な商品を投入してくるかもしれないし、巨大企業がM&Aでシェアを一気に高めるかもしれない。その動向を臆病な目で見つめ、敏感に反応できなければ、アッという間に足をすくわれてしまうのです。

私がCEO在任中に恐れたもののひとつが、新興国企業の躍進です。彼らは企業規模では劣るものの、それだけに動きが機敏。しかも、人件費が安いために強い価格競争力をもっています。スピードとコストで、ブリヂストンのような巨大な組織の足元を脅かす存在なのです。

そこで、私は「4倍速」というキャッチフレーズを掲げ、全世界の社員たちに仕事のスピードアップを強く要請。新興国企業にできる限り「つけ入る隙」を与えないように鼓舞し続けました。

ただし、それだけでは限界があることもわかっていました。

たとえば、すでにコモディティ化している汎用の乗用車用タイヤでは、新興国企業に勝ち切るのは難しい。もちろん、小型車の増加とともに需要が急増しているゾーンなので、そのシェアはできる限り維持する必要はありますが、新興国企業と同じやり方をしていては未来が危ぶまれる。このゾーンのタイヤの大半の需要は新興国で大きくなっているので、彼らの方が有利という現実もある。であれば、不利な戦いを続けるのではなく、「土俵を変える」必要があると考えたのです。

好業績のときこそ、「臆病」でいなければならない

新興国企業に対するブリヂストンの強みは何か？

まず第一に、素材の生産から最終製品であるタイヤ製造まで、すべての工程を自社で有していることです。これは、企業体力に劣る新興国企業にはできないことですから、新しい素材を開発するなどの基礎研究に積極的な投資を行うことでイノベーションを起こすことができれば、新興国企業を圧倒することができるはず。そこで、私は、10～20年後を見越して、長期的な基礎研究開発への投資を強化することにしました。

第二に、コモディティ化した汎用の乗用車用タイヤではなく、より高度な技術が求められる、高性能の乗用車用タイヤや特殊タイヤの技術と販路を確立していることで

す。この強みをさらに強化することによって、新興国企業には簡単に真似のできない領域で、収益性を高めることができるはずだと考えました。

このように、新興国企業という脅威に対する戦略を明確化。「土俵を変える」ことで競争相手を引き離しながら、さらに収益性を高めつつ成長する事業体へと舵を切ったのです。その成果は、年を追うごとに明らかになりつつあると自負しています。

当時、周囲の経営者からは「荒川さん、よく思いきりましたね」と言われましたが、「思いきった」のは恐かったからです。危機に対する対応は、それが顕在化する前に行わなければ手遅れになります。なぜなら、経営状況が良好なタイミングであれば、危機に対して、能動的に、大きく、強力な対策を打つだけの力があるからです。経営が傾き始めてからでは、受動的でミニマムな対策に終始しがち。その結果、危機にのみ込まれてしまうリスクが膨らんでしまうのです。

そんな事態を避けるためには、リーダーが、今現在、業績が好調であることに甘んじているようでは話になりません。好調であるがゆえに、組織が少々浮かれ気味の時期にこそ、世界を臆病な目で見つめなければなりません。そして、迫りくる危機をいち早く察知し、まっさきに手を打つ。それこそが、優れたリーダーの条件なのです。

第3章

「心配性」だから強くなる

リーダーは「1円」も稼いでいない。

12

Leadership

現場に「ＯＫＹ」と思われたら、リーダーは失格である

「結果を出せ」

リーダーが現場に対して、よく投げかける言葉です。

もちろん、結果を出してはじめて「仕事をした」と言えるのですから、いわんとすることは間違ってはいない。しかし、このモノの言い方に、私は強い違和感をもちます。なぜなら、誰でも言える言葉だからです。

現場に目標を与えて、それを達成しているか否かを管理する。そして、達成していなければ、「結果を出せ」とプレッシャーをかける。それだけなら誰でもできる。誰にでもできることしかやらないで、「結果を出せ」と命令するのはおかしいと思うのです。

「ＯＫＹ」。これは、私が、それなりの職位に就いた後に、現場のスタッフから聞かされて、強い印象とともに記憶に刻み込まれた言葉です。彼は、本社から「結果を出

せ」とプレッシャーを受けていることを明かしたうえで、この言葉を口にしたのです。「お前が来てやってみろ」。頭文字をとって「ＯＫＹ」というわけです。

目標を達成できていないことなど、現場もわかっている。なんとかしようと思って、一生懸命に働いているわけです。にもかかわらず、解決策のひとつも示さずに、「結果を出せ」と迫る。だったら、「お前が来てやってみろ」と言いたくもなります。それが現場の本音だということを、改めて印象づけられたのです。

そして、こう思われた瞬間に、リーダーは〝悪代官〟に堕します。

汗水たらして働いている現場からすれば、居心地のいい温室にいながら、「結果を出せ」と油を搾るごとくに迫るのは、現場に圧政を強いる〝悪代官〟にしか見えないのです。それでは、誰も本気でついていこうなどと思うはずがありません。さらに、現場から遠い本社部門に〝悪代官＝役員〟が重層構造で過剰に存在していれば、それが〝動かしがたい分厚い壁〟のように感じられます。これが、実働部隊たる現場の諦めムードを生み、組織全体をレームダック（死に体）に陥らせてしまうのです。

「やってみせ、言って聞かせて、させてみて、ほめてやらねば、人は動かじ」。旧日本軍の連合艦隊司令長官・山本五十六の有名な言葉にあるように、何よりも、まず

「やってみせる」ことができなければ、人は動きません。リーダーシップの原点は「やってみせる」ことにあるのです。

「やってみせる」ことなくして、リーダーシップは発揮できない

これは、私の痛恨の失敗から学んだことです。

タイ・ブリヂストンで在庫管理の事件を起こしたときです。あのとき、私自身が〝悪代官〟のようになっていました。現場のことを何も知らないのに、「在庫管理をちゃんとしろ」と一方的に要求してしまったからです。タイ人従業員たちは、心のなかで「ＯＫＹ」と思ったはずです。だからこそ、私に強い反発を示したのです。

一緒に汗をかくことで仲間に入れてもらわなければ、何も始まらない。そう思った私は、現場に飛び込みました。最初は見習いのようなもの。タイ人従業員にあれこれ指示されながら走り回るほかありませんでした。しかし、だんだん手順を覚えてくると、そこには細かい問題が山のようにあることに気づくようになりました。

たとえば在庫管理票。

タイヤの種類ごとに、在庫管理票に入荷数と出荷数を記入していくわけですが、これが非常に杜撰《ずさん》だった。字が汚くて何と書いてあるかわからないような状態だったのです。それもそのはず。在庫管理票はペラ紙。その上部を棚にセロテープで止めているだけだから、記入するときにはデコボコしたタイヤや手の平を下敷きにするほかない。判読可能な字を書くのが難しいのも当然だったのです。

そこで、解決策を考えました。

在庫管理票の下に板を貼り付けるようにしたのです。こうすれば、字が綺麗に書ける。しかも、ササッと書けるからストレスも感じません。こうして、個別具体的な問題を解決してみせたとき、はじめて彼らの私を見る目が変わったのを感じました。

そのほかにも、問題点に気づくと、それを一つひとつ解決していきました。すると、仕事もラクになるし、在庫管理もうまくいき始める。こうなると、現場が盛り上がり始めます。そして、タイ人従業員たちも「お前、なかなかやるな！ お前の言うことを聞いたほうがよさそうだ」という対応に変わってくる。こう思ってもらえたとき、はじめて私は未熟ながらもリーダーシップを発揮できるようになったのです。

現場には現場の「やむを得ない事情」がある

もちろん、私自身が現場で苦しんだことも数多くあります。

たとえば、トルコに駐在していたころのこと。すでにお話ししたとおり、当時私は、受注契約を結んでいるにもかかわらず、現地のバイヤーから「やっぱりいらない」などと言い出されて困っていました。「あなたはこの契約書にサインをしているじゃないか」と迫っても、「あのときは本当に自分も納得したからサインもした。だけど一晩考えたらやっぱりいらないと思ったんだ」と取り付く島もない。これには、ホトホト困りました。

しかし、最も困ったのは、日本本社からのプレッシャーでした。「何をやっているのか？ ちゃんと契約を結んでいるのか？」「なぜ、契約履行を迫れないのか？」と責め立てられる。もちろん、言われていること自体は正しい。西欧流のビジネスを前提とすれば、当たり前の指摘なのです。

しかし、現実はそうはいかない。

何しろ、当時の中近東には西欧流の契約概念が定着していない国が多かったので、こちらの思惑どおりにはいかないのです。たとえ裁判に訴えたとしてもイスラム法での争いになるのですから、私に勝ち目がないことは明らか。私ひとりの力でどうにかできるような簡単な問題ではなかったのです。

しかも、当時、その国に駐在していたのは私ひとり。孤軍奮闘を強いられていましたから、なおさら苦しかった。まさに「OKY」。「お前が来てやってみろ」と言いたくなったものです。

とはいえ、「日本にいながらにして、それを理解してほしい」と訴えたところで、日本本社はその国の現実を肌で理解していないのだから無理がある。結局のところ、自分の力でなんとかするしかない、と思いを定めるほかなかったのです。

私は、海外駐在が長かっただけに、このような経験をたくさんしてきました。

要するに、現場には現場のやむを得ない事情がある、ということです。その事情に誰よりも苦しめられているのは、現場にいる人間なのです。ところが、現場から離れた場所にいる人には、その事情がわからないから、「なぜ、当たり前のことができないのか?」と責めてしまう。ここに不幸が生じるのです。

ときどき、本社サイドの人間のなかに、「現場は本社に比べれば、人材や資金などのリソースが圧倒的に少ないのだから、本社に一時応援を頼めばいいではないか」と言う人もいますが、これも現場に対する理解が浅い証拠です。

なぜなら、現場からすれば、〝御本社〟に応援を〝お願い〟することになるので、そんなに気楽にできることではないからです。その現場の気持ちを踏まえたうえでコミュニケーションを取らなければ、「なぜ、応援を依頼しなかったのだ？」と責め立てる結果にすらなりかねない。それは、さらに本社と現場の溝を深めるだけなのです。

だから、私はこう考えています。

リーダーが現場を指図するのではない。リーダーは現場をサポートしなければならないのだ、と。ほとんどの会社の組織図を見ると、社長を頂点に、現場を底辺に置く三角形の形をしています。これが、勘違いのもとなのです。現実は逆。結果を出し、利益を生み出しているのは、常に現場。実際のところ、リーダーは「1円」たりとも生み出してはいないのです。だから、その現場こそが組織の頂点であり、それを底辺で支えるのがリーダーだと認識すべきなのです。

「現場」を知らない者は決断できない。

13

Leadership

「3現」を体感すれば、解決策は自然と導き出される

現物・現場・現実──。

この「3現」を自らが体感することが、ビジネスで結果を出す鉄則です。このことを、若いころから身体に刻み込んでおかなければ、優れたリーダーになることはできないと私は考えています。

もちろん、職位が上がるにつれて現場との距離は遠ざかりますから、物理的にすべての案件について「3現」を体感することはできません。しかし、その現実に不安を感じるくらいでなければならない。不安で仕方がないから、時間と体力の許す限り「3現」に触れようとエネルギーを使う。そうでなければ、リーダーの仕事を全うすることはできないのです。

私が、「3現」の重要性をはじめて学んだのは入社2年目のこと。

タイ・ブリヂストンで在庫管理の適正化をなんとかやり遂げた後、工場長から「機

能する労務管理の仕組みを考えて、答申してほしい」と命じられたときのことです。当時、タイ工場には、日本の工場と同様に、社員が出勤管理カードを機械にガチャッと差し込んで出退勤時間を打刻する方式を採用していました。

ところが、これがタイではまったく機能していなかったのです。出勤管理カード上は全員出勤しているはずなのに、人数がかなり少ない。しかも、どうも社員ではない者も混じっているようだ……。これでは、まともな操業ができない。だから、「なんとかしろ」と命じられたわけです。

当時、私は、労務管理の担当者でしたが、労務管理の「ろ」の字も知らないド素人。そこで「まずは原因究明だ」と考えた私は、社員が出勤してから退勤するまでの一日の行動を細かく観察。一週間も観察すると、その実態が手に取るようにわかりました。

まず「代返《だいへん》」です。ひとりの社員が同僚の出勤管理カードを預かって打刻している。だから、人数が少なかったのです。あるいは「下請け」。社員本人が出勤するのではなく、友人に下請けさせているのですから、社員ではない者がいるのも当然だったのです。要するに、「3現」を確認しないままに、日本人の労働倫理に対応した日本式の労務管理手法を、当時のタイにそのまま持ち込んだことが間違いのもとだったわけです。

だから、私は、打刻機を廃棄して、もっと素朴な管理システムを導入すべきだと答申。そして、実態に即した労務管理のための紙の様式を作成。各工程の責任者が、出社時、退社時に全員を集めて点呼して、本人確認をしたうえで、もし本人がそのときいなければ理由を確認し、様式に手書きで書き込むことにしたのです。

同時に、「自分の仕事を下請けに出してはならない」などの勤務規定も新規に策定されたと記憶しています。日本式に比べれば幼稚な手法でしたが、これがうまく機能。工場長から、「2年目なのによくやったな」と一言褒められたときの喜びを、今でもよく覚えています。

このとき、私は学びました。労務管理の専門知識が皆無だった私でも、「３現」を体感することで問題の所在を明確にすることさえできれば、自然と解決策を導き出すことができる。つまり、「３現」こそが「答え」を教えてくれることを学んだのです。

「権限委譲」を「責任逃れ」の言い訳にするな

その後も、似たような経験を繰り返したので、私は、「３現」を体感しないまま何かを決断をすることが恐くてならなくなりました。職位が上がるほど重要な決断を迫られるようになるにもかかわらず、現場から距離が離れるのだから当然のことです。

だから、私は、社長室に閉じこもって、現場を〝遠隔操作〟できると信じている社長のことが理解できない。もちろん、彼らはこう言うでしょう。「現場にはそれぞれの専門家がいるのだし、トップである私が現場に足を踏み入れるべきではない。私は現場に権限委譲しているのだ」と。しかし、私は、それは「権限委譲」を言い訳にした「責任逃れ」である可能性が高いと思うのです。


たしかに、権限委譲は重要です。お客様や市場のことを最もよく理解しているのは現場。現場から遠く離れた社長よりも、彼らの判断のほうが正解である可能性は高いからです。むしろ、よくわかっていない社長が事細かに注文をつければ、現場のモチベーションを下げることになるでしょう。

そもそも、ブリヂストンのように全世界に拠点があり、14万人超の従業員が働いている会社では、現場に権限委譲をすることなくして組織を機能させることは不可能。だから、私は積極的に権限委譲すべきだと考えています。

「現場に精通している」と認識されれば、信頼関係が生まれる

ただし、勘違いをしてはいけません。

権限と責任は一体のものですから、権限委譲をした現場にも相応の責任は負ってもらわなければなりません。しかし、ここで勘違いをする社長がいる。権限委譲したら「責任もすべて現場に移る」と考えてしまうわけです。

しかし、そんなはずがない。もしそうだとすれば、社長など必要ないではないですか。権限を委譲しても、すべての判断は社長の責任のもとに行われるのです。現場が相応の責任を負うとしても、その現場に仕事を任せた責任は社長にある。つまり、どんな場合であっても、最終責任は社長が担うというのが正しい理解なのです。

であれば、いかに権限委譲を進めたとしても、社長自らができる限り「3現」を体感する必要があるということにほかなりません。現場の意思決定を尊重するのは当然のこととはいえ、〝丸のみ〟するのは無責任。むしろ、リーダーが現場と同じように「3現」を体感することで、現場の意思決定を自らの腹に落とし込むプロセスが重要

だと思うのです。

それに、現場を訪問することで、現場のメンバーは、社長が自分たちの職場に関心を持ち、理解しようと常に努力していると認識してくれるでしょう。その結果、「現場に精通したトップ」という評価が定まり、お互いの信頼関係の基盤が出来上がるのです。この信頼関係があるからこそ、時として、現場に厳しい、高い目標を指示しなければならない場面でも、「3現をわかったうえで、この指示を出しているんだろう」と現場メンバーも腹落ちができて、「なんとかやってやろうじゃないか」という気持ちになってもらえるのだと思うのです。

「不安」で仕方がないから、「現場」に足を運ぶ

そう考えると、私は恐ろしくて、「3現」から隔絶《かくぜつ》された社長室に閉じこもることができませんでした。

もちろん、社長は多忙。矢継ぎ早に会議・面談をこなさなければなりませんし、重要な意思決定も次から次へと下さなければならない。まさに分刻みのスケジュールで

す。しかも、会社の未来について沈思黙考する時間も重要。「3現」を体感する時間はきわめて限られてしまうのが現実です。

しかし、時間は生み出すものです。だから、私は、少なくとも重要な案件については、なんとかスケジュール調整をして、「3現」を自ら体感するようにしていました。そうでなければ、不安でならなかったからです。

たとえば、新設工場を建設するときには、どんなに時間がなくても必ず現地に赴き、建設前の更地を五感で体感するようにしていました。もちろん、予定地の情報や工場の図面はオフィスで見ることができますが、それだけでは腹が固まらないからです。

単に、予定地を見るだけではありません。政府関係機関、自治体担当などの対応を注意深く調べる。予定地の近くに町があれば、必ずそこも車で案内してもらいます。そして、「スーパーなど生活に欠かせない施設は充実しているか」「幼稚園や小学校など子どもの教育施設はどうか」「町が荒れているようなことはないか」「町から工場までの交通機関はどうか」など、工場で働く人々の目線で確認。いくら立派な工場ができても、従業員の生活に不便があれば、うまく機能しないからです。

また、国によっては、飛行場や港湾など、資材や製品が流通するルートも辿ります。

そこに無理があれば、いずれ必ず問題になるからです。だから、現地にヘリコプターで乗り付けるなどもってのほか。悪路であっても車でガタガタ揺られて、工場稼働後に従業員がするのと同じことを体験する。土地の風景の真っ只中に身を置いて、土地の空気を吸い込んでおく。このプロセスを経なければ、「ここで間違いがない」という確信が得られない。社長が負うべき責任を負う覚悟が固まらないのです。

優れたリーダーは、「不安感」を味方につけている

あるいは、ブリヂストン・ヨーロッパの社長を務めていたころは、ヨーロッパ各国に点在する数十の子会社・事業所をできるだけ訪問するようにしていました。

もちろん、呼び出せば、子会社・事業所のトップはベルギーにあるヨーロッパ本社に駆けつけてくれます。そして、求めれば、現地の状況についていくらでも詳細なリポートを入手することもできます。しかし、「3現」に触れなければ直感が働かない。隔靴《かっか》掻痒《そうよう》の感を免れないのです。彼らからどんな話を聞かされても、どんなに詳細なリポートを読んでも、「真実」に触れられていないように思うのです。

だから、こちらが現場を訪ねる。そして、事務所や工場を案内してもらう。すると、現場がすべてを物語ってくれます。うまくいっているところは、その場にいるだけで心地よさを感じますが、ダメなところは何かがおかしいと感じます。この直感をもったうえで、子会社・事業所の説明を聞いたり、リポートを読むことで、それらの情報が腹に落ちる。そして、的確な判断をくだすことができるのです。

このように、「3現」こそが仕事の原点です。

ところが、組織のなかで職位が上がれば上がるほど「3現」から遠ざかる。ここに、リーダーの落とし穴があります。その落とし穴にはまらないために大事なのは不安感です。「3現」を体感していないことに対して感じる強い不安感が、行動へと駆り立ててくれるからです。

いや、こう言ってもいいかもしれません。大きな決断を下すときに、どうにも腹が固まらない。フワフワした感じがして気持ちが悪い。そんな不安を感じたら、それは「3現」を体感していない証拠。そのまま決断するのは、きわめて危険ですから、どんなに忙しくても、必ず「3現」に直接触れる体験をすべきです。不安は、重要なサインなのです。そして、優れたリーダーは、この不安感を味方につけているのです。

「理路整然」としたリポートを疑え。

14

Leadership

現場というものは、複雑怪奇な「生き物」である

リーダーが恐れなければならないもの――。

そのひとつがリポートです。特に、本社のエリートや〝切れ者〟の外部コンサルタントが、現場の問題を解決するためにまとめた理路整然としたリポートには要注意。理路整然としているがために、「なるほど、そういうことだったのか」と膝を打ちそうになる。「こうすれば、こうなる」と非の打ちどころのないロジックが展開されているので、「すぐに実行せよ」と言いたくなる。しかし、往々にして、そこに大きな落とし穴があるのです。

なぜか？　理由はシンプル。現場というものは、実に多くの要素が複雑に絡み合いながら動いている「生き物」のようなものだからです。その「生き物」が抱えている問題の真因を見極めるのは、非常に難しいことであり、さらにそれを言語的に説明し尽くすのはほぼ不可能といってもいいほど難しいことなのです。

しかも、その問題を改善する方法も「ああすれば、こうなる」的なシンプルなものではないケースが大半。そもそも、簡単にできるのであれば、現場の力でさっさと解決しています。「あっちを変えれば、こっちがおかしくなる」といった問題が絡み合う、きわめて難解なパズルのようなものだからこそうまくいかないのです。

しかも、現場で働いているのは人間ですから、誤った〝手術〟をすれば、人間関係が崩壊して危機的な状況に陥るリスクが常にある。だから、あまりに乱暴な手術には慎重にならざるをえないことが多い。人間関係は職場のインフラ。これを壊すことは一瞬でできますが、修復するには気の遠くなるほどの時間と労力が必要ですから、慎重になるのは当然のことなのです。

だからこそ、現場から上がってくるリポートは、どうしたって歯切れの悪いものになりがちです。これは、現場スタッフの能力不足のせいではなく、現場というものが複雑怪奇であることに起因するのです。その複雑さに誠実に向き合えば、そこに深い「悩み」「迷い」などが生じないほうがおかしいのです。

むしろ、本社のエリートや外部コンサルタントの「理路整然としたリポート」のほうがよほど危険。現場の複雑さを理解しないまま、または無視さえして、現場感覚に欠けたリーダーの〝受け〟を狙った「作文」であることが多いからです。

そもそも作文というものは、現実のすべてを表現することができないものです。せいぜい現実の一断面を表現することができれば御の字。この作文の限界というものを認識する必要があるのです。そして、リポートする側は、その〝作文づくり〟が仕事であり、「執行」と「結果」には直接的に責任がないのでいくらでも理路整然としたものができる、とも言えるのです。

しかし、そんな〝作り物〟を、そのまま現場に押し付ければ、現場は壊れます。組織が、足元から崩れ始めるのです。さらには、そのリポートのお陰でよくなったのではなく、現場の頑張りでよくなったときでも、リポート作成者の手柄とされ、よくならなければ、逆に「リポート通りに実行しないからだ」と現場が非難を浴びるということが起きやすい。このことが、さらに現場の崩壊を加速させるのです。

「ストーリー」に添って リポートはつくられる

たとえば、本社中枢において、世界中の工場の生産性を一律○○%上げるという目標を立てたとします。

当然、順調に生産性を向上させる工場となかなか成果の上がらない工場が生まれますから、本社は生産性の上がらない工場に対して、その理由と改善策をリポートするように要請するでしょう。ところが、現場からのリポートはどうにも要領を得ない。いくらそのリポートを読んでも、何が問題で、どう改善すればいいのかが明確にならない。そこで、業を煮やしたリーダーが、本社スタッフに現地に行って調査したうえで、リポートをまとめるように指示するわけです。

このようなケースにおいて危険なのは、本社スタッフが、生産性を順調に改善している別の工場の取組内容を知っていることです。彼らは、それが「答え」だと思ってしまう、または、それが「答え」だと決め打ちしてしまう。その工場でやったのと同じことをすれば生産性が上がると考えてしまうのです。

その結果、何が起こるか？

本社スタッフが、成功事例から導き出したストーリーに添った資料を現場に要求。現場が「資料提供係」になってしまうのです。つまり、現場の複雑さに向き合うことなく、もともとあるストーリーを成立させるために必要な資料だけが収集され、それ以外はすべて切り捨てられてしまうわけです。

このプロセスを辿れば、誰がやっても、理路整然としたリポートができるに決まっています。しかも、成功事例をベースにしたストーリーですから、一見、説得力もある。こうして、リーダーは〝騙される〟わけです。

現場と「複雑な問題」を共有するのが第一歩

しかし、このようなリポートは、現実にはまったく機能しません。

現場とがっぷり四つに組み合っていないのだから当然です。

成功事例の工場では最新式の機械が導入されているが、この工場では型が古いのかもしれない。工場の動線の設計が悪くて、従業員に目に見えない過重な負担がかかっているのかもしれない。寒冷地の工場と温帯地の工場では、工場内の気温も違います。快適な温度のなかで働くのと、うだるような暑さのなかで働くのとでは、体力の消耗度は大きく異なります。こうした条件を考慮に入れない解決策など机上の空論。役に立つはずがないのです。

あるいは、工場が立地する地域特性も大きく影響します。

たとえば教育。先進国であれば、「労働倫理」「効率性」「品質」などの観念を教育された労働者がたくさんいますが、発展途上国ではそれが難しいことがある。その場合、これらの観念を現場で教育していくほかありません。

さらに、組合が強い国では、生産性向上のために従業員の協力を得るのも一苦労。組合との信頼関係を築くためには、大汗をかかなければなりません。こうした環境の違いも、大きなハンディキャップになります。これらの現実をすべて認識したうえでなければ、正しい解決策など導き出せるはずがないのです。

もちろん、これは製造現場だけで起こる問題ではありません。

これと同じ現象は、販売部門や業務部門などあらゆる部門で起きます。あるいは、親会社と子会社の間でも同様です。にもかかわらず、安直に「理路整然とした解決策」を現場に無理やり当てはめようとすると、現場のメンバーに過重な負荷をかけるだけという結果を招き、執行部と従業員の間に亀裂が生じるとともに、本社と工場の間にも拭い難い不信感が生まれるでしょう。会社を根底から壊しかねない、きわめて危険な状況を招いてしまうのです。

もちろん、本社スタッフに悪意があるわけではありません。問題なのは、リーダーの認識です。理路整然としたリポートには、常にこのようなリスクがあることを認識していないリーダーの鈍感さが問題なのです。リーダーたるもの、現場からのリポートが要領を得なかったにもかかわらず、本社スタッフのリポートで急にすっきりと理解・納得できたならば、むしろ要注意だと厳に心すべきです。

地べたを這いずって、現場に対する「畏れ」をもて

本来、現場からのリポートは複雑怪奇、意味不明瞭なのが自然なのです。

大切なのは、そのリポートをベースに、「ここがよくわからない」「なぜ、こうなってしまうのか」などと、現場と労を惜しまずにコミュニケーションを取ること。そのプロセスを通して、本社中枢と現場が問題の全体像を共有することなのです。

もちろん、そのうえで打ち出す手立てはシンプルなものでなければなりません。

「あれもやれ、これもやれ」では、現場は混乱するだけ。ステップ・バイ・ステップで生産性を向上させるために、その局面において取り組むべき対策を絞り込んで、一つずつステップを上がっていくように現場をサポートする。その意思決定をすることこそが、リーダーの仕事なのです。

そのためには、リーダーは、複雑怪奇な現場に対する「畏れ」をもたなければなりません。「畏れ」があるからこそ、現場に真摯に向き合おうとする真剣さが生まれるからです。

その意味では、本社のスタッフ部門を渡り歩いてきたエリートは不利と言えるかもしれません。現場に対する「畏れ」は、観念的なものではありません。地べたを這いずるような業務経験をしっかり積んで体得するしかない感覚だからです。

もしも、この「畏れ」があれば、あまりにも理路整然としたリポートなど、嘘くさくて読んでいられませんよ。

本当に現場に向き合って、真剣に悩み抜いている人間が書くリポートは、見た瞬間に伝わるものがある。一文一文に「苦渋」や「悩み」がしっかりと込められている。

こうした感触がもてたときにはじめて、「このリポートはわかりにくいが、信用できそうだ」と思える。そのペーパーの向こうに、複雑怪奇な現場が透けて見えるように感じるからです。

繰り返しになりますが、リーダーも本社も「１円」も稼いでいないことを忘れてはなりません。成果を生み出し、お金を稼いでいるのは現場。その現場を壊すのは、現場を知らない、現場感覚のない、または現場を無視する人間の「理路整然としたリポート」であり、それを「これでよく分かった」とうのみにして、現場に指示を出す鈍感なリーダーなのです。

「大河の流れ」のように考える。

15

Leadership

優れたリーダーは、なぜ「大胆な決断」ができるのか？

大胆な決断を下す――。

これができるかどうかは、優れたリーダーと凡百のリーダーを分かつ最大のポイントのひとつでしょう。そして、こうした決断を下すリーダーには、常に「大胆不敵」「勇猛果敢」といった評価が与えられます。しかし、それだけでは真実を捉えられないのではないかと、私は考えています。

もちろん、私は、その評価を否定するものではありません。しかし、単に「大胆不敵」「勇猛果敢」だから、大きな決断を下すことができるわけではない。長い長い時間をかけて繊細な思考を積み重ねてきたからこそ、ある一時点において果断な決断をすることができる。つまり、繊細さを幾重にも織り上げてこそ、真の意味で腹のすわった決断ができるのだと思うのです。

それを教えてくれたのは、ブリヂストン元社長の家入昭さんです。

当時、社長直下の秘書課長としてスタッフ業務を取り仕切っていた私は、家入さんから実に多くのことを学ばせていただきましたが、そのハイライトとも言えるのが、アメリカのタイヤ製造販売の大手企業であるファイアストンの買収でした。

1988年のことです。当初、家入さんは、ファイアストンとの事業提携を進めていたのですが、突如、イタリアに本拠を置く大手ピレリがファイアストン株の公開買い付けを発表。それに対抗すべく、ほとんど瞬時にファイアストンの買収を決断。文字通り「勇猛果敢」な決断をくだしたのです。

買収金額は約3300億円。当時の日本企業としては最大規模のアメリカ企業の買収でしたから、大きな話題となりました。しかし、社内外からは反発の嵐。それもそのはず。1日1億円の赤字を出しているうえに、大規模リコールの後遺症で、当時のファイアストンの経営状況は最悪だったからです。ソロバン勘定をすれば、どうみたってリスクしかない。

しかも、ファイアストンは、GEやフォードと並ぶアメリカの超名門企業。当時は日米貿易摩擦の真っ只中だったこともあり、日本企業がファイアストンを買収することに、アメリカ国内では強い感情的な反発がありました。

あるアメリカ企業のCEOから、「日本企業がアメリカの名門企業を買収したからといって、すぐに俺の会社と取引できると思うな」と暴言を吐かれたこともありました。実際、その企業は、買収直後に、ブリヂストンとの取引を中止。一瞬にして大工場丸々ひとつ分の商売がなくなったのです。しかし、そんなことが起きても、家入さんの決断は1ミリたりとも揺らぎませんでした。

なぜ、リスクしかないと言ってもよい状況であるにもかかわらず、このような大胆な決断ができたのか？

もちろん、一か八かの賭けに出たわけではありません。清水の舞台から飛び降りようとしたわけでもありません。「ブリヂストンという会社が生き残るためにはどうするべきか？」について、長年にわたって考え続けてきた結果、あの瞬間にあの決断をする以外に「道」がないことが明らかだったからです。だからこそ、あらゆるリスクをのみ込んで、躊躇なく果断な決断を行うことができたのです。

〝食うか食われるか〟の危機感をもつ

決断の背景にあったのは、強烈な危機感でした。

私が入社した1960年代から、ブリヂストンは超優良企業ではありましたが、あくまで売上の大半は日本国内。世界を見渡せば、フランスのミシュラン、アメリカのグッドイヤーとファイアストン、イタリアのピレリなどのグローバル・ジャイアントの存在感が圧倒的で、ブリヂストンの世界市場でのシェアは10位くらい。いわば、アジア辺境の企業にすぎなかったのです。

そして、タイヤは国際規格商品ですから、世界中どこでも販売することが可能。国境などあってなきがごとし。世界中のメーカーが〝食うか食われるか〟の熾烈な戦いを繰り広げる〝Cut Throat Business（喉をかき切るビジネス）〟なのです。そして、〝食われる〟のは企業規模に劣る企業。タイヤのような大量生産大量消費の商品は、規模の利益が強く効くからです。

つまり、たとえ日本市場においてナンバーワン・シェアを確保していたとしても、グローバル・ジャイアントが本気で日本市場に攻め込んできたら〝食われてしまう〟ということ。だから、一刻もはやく世界でのシェアを高めなければ生き残ることができない……。私が入社したころから一貫して、ブリヂストンはこの危機感とともにあったのです。

「強烈な危機感」こそが、本物の思考力を生み出す

そして、家入さんは、若いころからブリヂストンのグローバル化の最前線で戦ってきました。

私が入社2年目でタイに送り込まれたときに、現地のナンバーツーだったのが家入さん。そのときすでに、世界のタイヤ業界の動向を睨みながら、「ブリヂストンが生き残るためにはどうするべきなのか？」についてよく論じておられた。その論旨を振り返れば、あのころから「グローバル・ジャイアントにならなければダメだ」と考えておられたと推測します。

その後、日本本社に戻られたのちも、その考えを延々と深めておられたのでしょう。後年、ブリヂストンのＣＥＯに就任されると同時に、ブリヂストンが既存のグローバル・ジャイアントに対抗できるポジションに立つための構想の具体化に向けて猛然と動き始めたのです。

しかし、同時に追い詰められてもいました。

考えうる限りの戦略立案とチャレンジをしてきましたが、自力で世界シェアを高めていくには、あまりにも時間がかかりすぎる。その間に、世界市場はグローバル・ジャイアントに完全に掌握《しょうあく》されてしまうに違いない。そうなれば、挽回するのは至難のわざ。「このままの戦略では勝てない」と判断せざるを得ない状況に追い込まれていたのです。

そこで、浮上したのがファイアストンとの事業提携でした。

ファイアストンは経営難に陥っていましたが、世界中に拠点を有するグローバル・ジャイアント。しかも、地域的にブリヂストンとの重複が少ないという大きなメリットがありました。だから、ファイアストンと手を組めば、一気に世界シェアを高めることができる。つまり、「時間」が買えると判断したわけです。

しかし、ここですかさずピレリが公開買い付けを発表。これを許したら、ブリヂストンが世界トップシェアを奪取するチャンスを永遠に失うことになりかねない。ファイアストンの買収は、ブリヂストンにとって生き残るための唯一の選択肢。だからこそ、家入さんは即座にファイアストンの買収を決断したのです。

優れたリーダーは、「大河の流れ」のように考える

この間、数十年――。

家入さんは、グローバル競争の真っ只中に身を置きながら試行錯誤を続け、ファイアストン以外にも多くのタイヤ会社の買収をはじめ、ありとあらゆるシミュレーションをやり尽くしてきた。「生きるか死ぬか」を賭けた戦いです。わずかな甘さが身を亡ぼす。そんな危機感に駆り立てられて、細部にわたるまで緻密で繊細な思考を、まさに「大河の流れ」のように続けてきた。その結果、ファイアストンの買収以外に生き残る「道」はないと確信するに至ったのです。

だから、世間からは唐突な決断のように見えたかもしれませんが、それはまったく当たりません。一か八かの賭けに出たわけでもなければ、清水の舞台から飛び降りたわけでもない。「大河の流れ」のように考え続けてきた結果、それ以外に選択肢がないからこそ即断できたのです。

また、当然、社内からは、さまざまなリスクが指摘されました。「買収価格がべらぼうに高い」「投資回収が全くできない」などなど……。しかも、買収を決断するまでの時間があまりにも少なかったため、デューデリジェンスも万全を期すだけの余裕がなかった。どんなリスクが飛び出してくるかもわからないから、「危険すぎる」という指摘もありました。それらすべての指摘は、その点だけに焦点を絞れば、きわめて的確なものでした。

しかし、家入さんは断固として判断を曲げなかった。なぜなら、それらのリスクを避けるためにファイアストンの買収を断念すれば、その瞬間にブリヂストンが生き残る「道」が閉ざされるからです。それこそ、最大のリスク。予想されるリスクを引き受けて、なんとかするしかない。いや、なんとかしなければ未来はない。そう主張して、家入さんは反対を押し切ったのです。

考え続けるから、「一瞬の判断」ができる

私は、これこそが「決断」だと思います。

家入さんは、自分にも他者にも厳しい「剛」の人物でした。しかし、「剛」の人だから豪胆な決断ができるとは限らないと思います。それよりも重要なのは、ひとつのことを延々と、まるで「大河の流れ」のように考え続けること。その緻密で繊細な思考の営みの末に「決断」は生まれるのです。

むしろ、豪胆なだけのリーダーは危ない。

思慮が足りないままに、後先考えずに「エイヤッ」と大きな決断をするようなリーダーは、必ず組織を存亡の危機に陥れるでしょう。それよりも、小心者のほうがいい。小心だからこそ危機感をひしひしと感じて、延々とひとつのことを緻密に考え続けることができるからです。そして、あらゆる可能性を検討した結果、ゆるぎない結論を見出せば、誰でも果断な決断をくだすことができる。それ以外に選択肢がないのだから、当然のことです。

だから、大切なのは考え続ける力です。

優れたリーダーをめざすならば、目の前の仕事に全力でぶつかりながら、世界の歴史、業界の歴史、自社の歴史を学ぶとともに、さまざまなキーパーソンの話に耳を傾けることです。そして、自分が属する組織が将来どうなるべきなのかを、延々と「大河の流れ」のように考え続ける。何年も何十年も考え続けることで、必ず、あなたの脳のなかに「組織のあるべき姿」は像を結びます。そのとき、卓越した決断力を発揮することができるようになるのです。

あれから約30年の歳月が流れました。

その間、ファイアストンとの統合を進めるために、多くの人々が苦心惨憺してきました。それは、並大抵の努力で乗り越えられるものではなかったのは確かです。

しかし、家入さんの決断が正しかったことは、もはや否定しえない状況になっています。タイヤの主要マーケットであるアメリカやヨーロッパにおけるブリヂストンの事業基盤は、ファイアストンが営々と築き上げてきたものがベースとなっています。これがなければ、「名実ともに世界ナンバーワンの地位」を実現することは、とてもできなかったでしょう。

つまり、ブリヂストンの命運を分けたのは「一瞬の判断」だったと、私は思うのです。ピレリが公開買い付けを公表したとき、家入さんの決断が一拍遅れただけでも危なかった。ファイアストンは確実に他社の手に渡り、〝敵の塩〟になっていたことでしょう。このように、往々にして、リーダーの実力とは、「一瞬の判断」にかかっているのです。そして、その「一瞬」に的確な決断をするためには、「大河の流れ」のような営々たる思考が必要不可欠なのです。

心配性だから「先見の明」が育つ。

16

Leadership

リーダーの仕事は「365日24時間」である

能力はいつも無理やり広げられる――。

長年のビジネス経験を振り返って、私はしみじみとそう思います。

そのときの自分の実力では対処しきれないような状況に置かれて、「なんとかしなければ」とお尻に火がついてもがくなかで、能力は無理やり広げられる。それが、人間の成長というものではないでしょうか？　その意味では、苦しい状況に追い込まれるのは幸運と言うべきなのかもしれません。

私にとって、その最大の幸運のひとつは、秘書課長として家入さんの直下で仕事をさせてもらったことです。ファイアストンとの共同事業計画を開始するにあたっての人事だったといわれました。従来の業務にこの新プロジェクトが加わった社長の実務をサポートする役割は、極度の緊張と膨大な仕事量を強いられるものでした。

家入さんに最初に挨拶したとき、「秘書は３６５日、24時間勤務だからな」と釘を刺されたことを覚えています。つまり、社長が３６５日、24時間働いているということと。ならば、それも当然のことと覚悟したものです。

着任後、ファイアストンの買収が決定したときに、私の生活は一変。ファイアストン買収プロジェクトはアメリカ時間で動くので、社長は毎日早朝出社となります。だから、私も毎日5時半出社で、会社を出るのは23時過ぎ。昼食をゆっくりとることもできず、仕事の隙間を見つけては、社員食堂に駆け込み、パパッとご飯を掻き込んですぐに席に戻るという毎日でした。

私に求められたのは、社長の分身のような役割。社長に上がってくる案件のかなりのものは、いったん私のもとに届きます。そして、社長既読の文書は全部私のところに降りてきました。

毎日、何百枚もの書類にすべて目を通し、不明点や疑問点があれば関係部署に確認。場合によっては、書類の内容がより正確に伝わるように補足メモを付すなどして社長に上げる。家入さんから基本的な質問があったときには、その場で即答できなければ私の存在意義はありません。社長が最短の時間で最高の意思決定ができるように、サポートするのが私の役割だからです。

そして、家入さんの意思決定を受けて、それを関係部署に説明に回るのも私の役割。

もちろん、通り一遍の説明や、ましてや社長の威を借りたような態度では反感を買うだけで、心の底から納得してもらえませんから、「理」と「情」を尽くして対処しなければなりません。トップと現場の円滑なコミュニケーションを実現する潤滑油のような役回りですから、地味で目立たない存在であることが基本。正直、気疲れを強いられたものです。

また、国際法律事務所、国際会計事務所、ファイナンシャル・アドバイザーなどの外部のチームと、社内の多くの部門からなる専門家によるプロジェクト・チームが買収プロジェクトの実務を推進していましたから、その事務局も務めなければなりません。数えきれないほどの仕事を同時並行で走らせながら、いつ社長から声がかかるかわからないので、緊張感から解放される暇もありません。毎日が臨戦態勢。社内では、「時間あたり給料がいちばん安い管理職だ」とからかわれたものです。

「カバン持ち」が、最高のリーダー教育である

そんなにたいへんだったら、人員を増強すればいいのでは？

そんな質問が飛んできそうですね。あるいは、経営企画部などの専門部署が、その役割を担えばいいのではないか、と考える向きもあるでしょう。

しかし、それは正しい判断ではありません。

大人数がかかわる買収案件だからこそ、司令塔は機敏に動くコンパクトなものでなければ、「船頭多くして船山に登る」という結果になりかねません。司令塔は、あらゆる意思決定ができる社長に限定すべきなのです。となると、司令塔である社長の意思決定をサポートする直属の部下も、すべての案件を頭に入れておかなければ適切なアシスタントにはなれません。いわば、社長と脳を「同期」させておかなければならないのです。

だから、当時の私のような役割はひとりの人間が受け持つのがベスト。複数人で対処すればスタッフの負担は減るでしょうが、アシスタントのなかに全体の整合性を考える人間がいなければ、社長の正しい意思決定に貢献することができないという結果を招くからです。

言い方を換えれば、社長直属のスタッフには業務負担は重くのしかかりますが、家入さんからマンツーマンでリーダーシップ教育を受けているようなもの。いわば「カバン持ち」のようなものですが、これに勝るリーダーシップ教育はないと言っても過言ではないのです。

優れたリーダーは、常に「先回り」している

学んだことはたくさんあります。

そのひとつが、優れたリーダーは、常に「先の先の先」まで見通しているということです。将棋の素人は2手先、3手先を読むのも一苦労ですが、プロの棋士は何十手も先を読むといいます。それに近いかもしれません。

家入さんは、仕事において「ある状況」が生じたときに、社内外にどのような影響が及ぶかを瞬時に、かつ緻密にイメージしていました。そして、影響が及ぶ関係者に対する「打ち手」を検討。物事をスムースに進めるために、常に「先回り」をしていたのです。

しかし、私にいちいち細かい指示などはしてくれません。

当然のことです。家入さんは、ファイアストンの買収という重要案件のみならず、会社のあらゆる問題について意思決定をするために、365日24時間深く深く考え続けているのですから、私に細かい指示をする時間など無駄。そのくらいのことを自分の頭で考えて対応できないのならば、私が、社長スタッフとして能力不足ということなのです。

ところが、秘書課長になった当初の私は〝将棋の素人〟に近かったですから、家入さんから「あれはどうなった?」「この件の会議はいつだ?」と質問が飛び、「何のことでしょうか……」とキョトンとしてしまうことが多かった。もちろん、家入さんは機嫌を損ねます。厳しい言葉を頂戴したことも一度や二度ではありませんでした。

「先回り」するから、主導権を握ることができる

まさに、オン・ザ・ジョブ・トレーニング。

先の先の先を読んで行動する上司に貢献するためには、上司のさらに「先」を行かなければならない。指示される仕事をこなしたところで、「プラス・マイナス・ゼロ」

の評価にしかなりません。万一、「あれはどうなった？」などと聞かれようものなら、「お前は仕事をしていない」「役に立っていない」ということなのです。だから、いや応なしに、「もっと先を読んで、しかるべき手を打っていかなければ……」という意識を植え付けられました。

たとえば、ファイアストンとの交渉過程において、なんらかの問題が浮上したら、その問題の軽重を判断し、必要であれば、「関係役員の誰それとの会議をセッティングしましょうか」と社長に提言する。

あるいは、取締役会にかけるべき案件については、そのタイミングに気をつけつつ、やり方も含めて社長に提言する。これは当たり前のことですが、現実にはそう簡単ではありません。というのは、ファイアストン買収のような案件では、絶対に外部に漏洩してはならない事項が多いために、社長としては情報の取り扱いにかなり神経質になっているからです。

私が取締役会の開催を進言すると、「今これを取締役会にかけなきゃならないのか？」と反撃を食らうことも一度や二度ではありませんでした。当時、約30人の役員がいましたから社長の懸念も理解できましたが、「ここが踏ん張りどころ」と負けずに言い返したものです。必要な局面では、あえて上司に盾突くのも「脇を固める者」の大事な役割なのです。

こうして、社長が考えているよりも、さらに「一手先」を読む努力をしているうちに、秘書課長として一人前の仕事ができるようになってきたような気がしたものです。

「これ以上、心配しようがない」と思えるまで考え抜く

そして、このときの訓練が、CEOになってからの私をおおいに助けてくれました。なぜなら、リーダーシップを発揮して改革を推し進めようとすれば、社内には抵抗勢力が立ちはだかるのが常だからです。不用意にコトを進めれば、次々とカベにぶつかる。その結果、改革に膨大な労力と時間を注がざるを得なくなってしまうのです。改革がとん挫してしまうこともあるでしょう。

そのような事態を避けるためには、「先回り」する力が不可欠。先回りして、関係者に納得してもらいながらコトを進めることができなければならないのです。「これを改革しようとすれば、現場で何が起きるだろうか」と何十手も先まで読んで、先手

先手で準備を進める。そのような対応を積み重ねることで、周囲が「このリーダーは先見性がある」と認めてくれたとき、「あのリーダーが改革しようとしているのだから、協力したほうがいい」という認識が組織に浸透。不要な軋轢を避け、よりスムースに改革を進める土壌が育まれるのです。

その意味では、ときにヒロイックに報じられる、社内の軋轢を〝剛腕〟で乗り切って「大改革」を行ったとされるリーダーは、もしかすると、「先見性」に欠けるがために、その改革を成し遂げるためには避けられない軋轢ではなく、避けることができた〝不要な軋轢〟を起こしただけなのかもしれない。その可能性を考えてみる必要があると私は考えています。軋轢を回避して「大改革」をスムースに成し遂げるリーダーは目立ちませんが、それは「先手、先手」を打つ能力に長けているからなのかもしれない。派手な報道に惑わされず、一見「何もしていない」ように見えるリーダーの手腕に目を凝らす必要があると思うのです。

ともあれ、「先」を見通す力こそが、リーダーシップの重要な要件です。考えてみれば、当然のことです。リーダーとは、メンバーを導く者です。誰よりもしっかりと「先」を見通すことができなければ、リーダーが務まるはずがないからです。

では、この能力を磨き上げられるのは、どのような人物か？

心配性な人物です。なぜなら、「これをすれば、何か悪いことが起きるのではないか？」と心配するからこそ、誰よりも「先」を見通そうと努力するからです。そして、「これ以上、心配のしようがない」と思えるまで、考えうる限りの手立てを講じる。

こうした人物こそ、優れたリーダーになる可能性を秘めているのです。

第4章 「組織の力学」に敏感であれ

地位は「ダメな人」をつくる。

17

Leadership

「地位は人をつくる」のではなく、「ダメな人」をつくる

「地位は人をつくる」といわれます。

それなりの地位に就くと、その地位にふさわしい人間に成長していくという意味ですが、私はかなり疑わしい言葉だと考えています。むしろ、「地位は〝ダメな人〟をつくる」というほうが真実に近い。

これは、若いころから薄々感じていたことです。私は、おおむねよい上司に恵まれてきましたので、そのことに非常に感謝していますが、なかには、「自分は能力があるからこの地位に就けた」と勘違いして、尊大な態度を取り始める人物もいました。

偉そうに部下を呼びつけては威張り散らすような鼻もちならない人物を見ていると、「地位は〝ダメな人〟をつくる」「地位は〝変な人〟をつくる」という言葉を思い浮かべずにはいられませんでした。

そして、優れたリーダーは、「地位は〝ダメな人〟をつくる」ということをしっかりと認識し、「自分がそうなってしまうのではないか……」という臆病な気持ちをも

っています。それを、教えてくれたのも家入さんでした。

私を秘書課長に指名した直後、家入さんはこう言われたのです。

「誰でも、社長になったとたんに裸の王様になる。俺も、すでにそうなってると思うが、それはとても恐いことだ。お前はおとなしそうに見えるが、上席の者に対して、事実を曲げずにストレートにものを言う。俺が期待しているのはそこだ」

裸の王様については、改めてご説明するまでもないでしょう。

アンデルセンの有名な童話の主人公で、目に見えない服を着せられているのに気づかず、子どもから「王様は裸だ」と指摘されてはじめて自分の真実の姿に気づくという戯画的な存在です。社長になったとたんに、誰もが、そのような戯画的な存在になる。家入さんは、その危惧を表明したうえで、私に童話中の「子ども」になれと命じたわけです。

だから、その後、私は「裸の王様だ」と感じたときには、率直にそれを伝えるように心がけました。もちろん、社長にモノを申すわけですから、たしかな根拠をもつために事実関係などをしっかり把握。そのうえで、相手は大社長ですから丁寧に言葉を選びはしますが、言葉をオブラートに包むのではなくストレートに指摘しました。

ところが、やはり家入さんも生身の人間。私ごときに異議を唱えられて、おもしろいはずがない。みるみる不機嫌になるのを目の当たりにして、当初はドキドキしたものです。ときには、言い争いのようになったこともありました。

しかし、頭を冷やすと、家入さんは必ず言動を修正していました。私は、その度にホッと胸をなで下ろすとともに、内心の葛藤に耐えながら、「裸の王様」にならないために戦っておられることに感じ入るものがありました。

なぜ、リーダーは必然的に「裸の王様」になるのか？

なぜ、リーダーは必然的に「裸の王様」になるのか？

当然のことですが、リーダーが権力を有するからです。どんな人間も、権力を前にすれば、危害を加えられないように防衛的になります。そして、「何が正しいか？」よりも「どうすればリーダーが喜ぶか？」を基準に行動し始める。その結果、リーダーにとって「心地いいこと」だけが知らされて、本当のことが知らされない状況が生み出されてしまうのです。

注意しなければならないのは、リーダーが意識的に権力を行使しようと意図していないときでも、部下の目にはリーダーの背後に権力が常に見えているということ。つまり、リーダーのほんのわずかな無意識的な反応からも、その真意を汲み取って、それに応えようとしてしまうのです。ここに落とし穴があります。この点に自覚的でなければ、権力を振りかざすような人物でなかったとしても、知らず知らずのうちに「裸の王様」になってしまうのです。

組織というものは、良くも悪くも権力がなければ統制することはできません。つまり、組織には「裸の王様」を生み出すメカニズムが埋め込まれているということ。だからこそ、リーダーは必然的に「裸の王様」になるのです。

私自身、社長になってから恐くなったことがあります。

たとえば、ある経営課題に対して、甲乙つけがたい2つの案が上程され、直感的にB案よりもA案に好感をもったとします。このとき、私も人間ですから、A案の説明を受けているときに、無意識に嬉しそうな表情が出てしまう。これが危ないのです。なぜなら、部下は瞬時にその表情に反応して、その場の空気が「A案優位」に傾いてしまうからです。

そして、本来は、A案B案のメリット・デメリットを慎重に検証するためにディスカッションをしなければならないはずなのに、部下からA案推しの意見が相次ぎ、結論が自然とA案に導かれてしまう。

このメカニズムに無自覚だった私は、きちんと議論した末にA案に決まったと思っていたけれど、実はそうではなかった。私の意向に沿った〝出来レース〟だったのです。これに気づいたときは、「こうして、〝裸の王様〟になっていくんだな」と背筋が凍るような恐さを覚えたものです。

それ以来、いかなるポジションの者が報告する場面でも、いかなる報告内容であっても、絶対に表情や態度を変えないことを徹底してきました。自分のなかでは結論がわかっていると思う場面では、無意識のうちに私の思いが相手に伝わりやすいから、なおさら注意が必要。その瞬間に、どんな部下にも〝忖度〟が働いてしまうからです。リーダーは常にポーカーフェイス。これを徹底すべきなのです。

「心地よさ」に酔っていると、恥ずかしい存在になる

ただ、ここに誘惑があります。

というのは、〝忖度〟されるのは心地いいからです。自分が「正しい」と思ったことに、労せずして部下が賛同してくれるわけですから、心地いいに決まっています。

しかし、この「心地よさ」が危ない。

なぜなら、自分が優れたリーダーだから、何を言っても部下が賛同してくれるのだと勘違いを始めるからです。その結果、「自分は優秀だ」「自分は正しい」「自分が答えをもっている」などと思い込んで、鼻もちならない上から目線の〝ダメな人間〟が出来上がってしまう。そして、偉そうに部下を呼びつけては威張り散らすようになるのです。


これは、実に恥ずかしいことです。

なぜなら、本人はいっぱしのリーダーシップを発揮しているつもりだけれども、その実態は、組織が「裸の王様」を生み出すメカニズムに乗せられているだけだからです。アンデルセン童話の「子ども」のように素直な目をもっている人から見れば、〝裸〟なのは明らか。誰も、心の底ではリーダーなどと思っていないのです。それは、とても恥ずかしいことではないでしょうか？

組織における出世など、〝いい加減〟なものである

だから、地位が上がるときには十分注意する必要があります。地位が上がれば上がるほど、権力は強くなります。その結果、「裸の王様」になりやすくなってしまうからです。

そもそも、組織における出世などいい加減なものです。

ほとんどが、たまたまそうなっただけ。たまたま、自分の直属の上司が出世したから、それに引っ張られて自分も出世した。たまたま、年次的に適任者がいなかったから お鉢が回ってきた。そんなものです。

私自身がそうです。私はブリヂストンのCEOを任されましたが、冷静になって周囲を見渡してみれば、私が何か頭抜けた能力をもっていたわけではないことくらいわかります。適任と思われる人物が何人かいるなかで、なんらかの組織的な力学が働いて、たまたま私が選ばれただけなのです。にもかかわらず、「自分は偉い」などと勘

違いすることが恥ずかしい。

むしろ、臆病でなければなりません。

権力をもてばもつほど、周囲は心地いいことしか言わなくなりますが、この「心地よさ」こそが自分をダメにしてしまうのです。「心地いい」と感じたときは、たいていリーダーとして劣化していると思うくらいでちょうどいい。

そして、自ら「心地悪い」ことを求めるべきなのです。その最善の方法が、家入さんがやったように、耳の痛いことを言ってくれる存在と繋がっておくことです。

私が社長時代に意識していたのは、〝反体制派〟とのパイプをもつことでした。たとえば、何らかの理由で「保守本流」の出世コースから外れた人物。「保守本流」から外れた人は、かえって「保守本流」を冷静に観察しているものです。だから、非常に鋭い観察をしていることがある。

あるいは、定年間際の人々も貴重なアドバイザーになります。彼らは、「自分はすでに〝上がった〟」と思っているから、ある意味恐いものなし。後先考えることなく、ズバズバと本質を語ってくれます。

実際に、悩んだときなどに彼らに率直な意見を求めると、「荒川さん、こう言っちゃなんだが、あなた騙されてるよ」などと言われたこともあります。彼らのクールな指摘は、ときに耳が痛いですが、だからこそ非常に参考になる。そして、自分の真実の姿に多少なりとも気づかせてもらえるのです。

「地位は〝ダメな人〟をつくる」

これが真理であると心に刻み、部下との関係性において、「心地よさ」を覚えたときには「危ない」と思う臆病さを忘れないようにしてください。優れたリーダーは、いつも、少々「居心地が悪い」と思っているものなのです。

「負のメカニズム」を知り尽くす。

18

Leadership

組織のメカニズムには、「負の作用」が伴う

リーダーは必然的に「裸の王様」になる――。

私は、こう書きました。なぜなら、組織には、リーダーをそうなるように仕向けるメカニズムが埋め込まれているからです。このメカニズムに無自覚なリーダーは、いとも簡単に「裸の王様」になってしまうわけです。

そして、当然のことですが、組織が内包しているメカニズムはこれだけではありません。実にさまざまなメカニズムが働いているからこそ、組織は機能しているわけです。ただし、あらゆるメカニズムには「負の作用」が伴います。そのことに鈍感な人物は、組織という〝神輿《みこし》〟に乗せられることはあったとしても、真の意味でリーダーシップを発揮することはできないのです。

私が、組織のメカニズムに敏感になったのは、秘書課長時代のことです。

すでに述べたように、当時、私は、社長である家入さんのサポートをするために、

社内のすべての部署と密接なコミュニケーションをとる必要がありました。

そのときに、細心の注意を払っていたのは、〝社長の威を借るキツネ〟にならないことです。私のバックには社長という権力者がいるわけですから、誰もが私に丁寧に対応してくれます。これが危ない。職位的には課長だった私が、あたかも自分が偉くなったような錯覚をしたらおしまい。総スカンを食らうと思ったからです。

しかも、私の背後に社長の存在を見る人々は、私を警戒します。

その結果、私に本当のことを教えてくれなくなるかもしれない。それでは、社長をサポートすることはできない。そう考えた私は、ひたすら目立たないように努めました。あくまで主役は社長であって、私は裏方。頭巾をかぶって裏方を務める黒子のようなもの。それを徹底したのです。

そんな役回りを完璧に務められたとは到底思えませんが、それでも、多くの部署の人々と垣根なく率直なコミュニケーションができたように思います。そして、このときに組織のメカニズムについて多くの学びを得ることができました。社内のさまざまな部署から上がってくる案件が、どのようなメカニズムで社長のもとに届くのかを間近に観察することができたからです。

社長に上がってくる提案は、すべて「妥協の産物」である

「社長に上がってくる提案は、すべて〝妥協の産物〟である」

これが、このときに学んだメカニズムのひとつです。

たとえば、ある野心的なプロジェクト企画が現場で立ち上がったとしましょう。起案者による最初の青写真（企画書）は、多少の粗はあるものの、革新的で切れ味の鋭い内容でした。しかし、組織において、それがそのままの形で社長に届くことはまずありません。

なぜなら、「革新的な提案」ということは、社内の既存のシステムとは相いれない要素があるということにほかならないからです。当然のことです。既存のシステムとまったく齟齬《そご》がないということは、革新的ではないということ。そのような提案を「革新的」というのは語義矛盾なのです。

そして、既存のシステムとは相いれない提案は、必ずさまざまな方面からの抵抗に

あいます。これも当然です。それでなくても、各部門はギリギリの人数で既存の仕事を回しているのです。そこにプラスアルファの仕事が生じるわけですから、簡単に認めるわけにはいかない。

しかも、革新的であるということは、「成功するかどうかわからない」ということでもあります。すでに成功している既存事業に重点を置くべきだと考えるのは、至極まっとうな考えなのです。

しかし、その結果、部署間で「調整」が始まります。

企画を実現させるために、各部門からの指摘を企画に反映していくわけです。もちろん、このプロセスは必要不可欠です。当初の企画のなかには、他部門が対応不可能な要素が含まれているかもしれませんし、より現実的なアイデアが生まれることで実現可能性が高まることもあるからです。少なくとも、関係部署が率直に意見を出し合うプロセスを経ることによって、各部署のなかに当時者意識を育まなければ、たとえ企画が承認されても実効性を担保することはできません。だから、部署間で企画を揉むプロセスは絶対に必要なのです。

ところが、ここに社長が注意すべきメカニズムが働きます。

さまざまな調整を経て、当初は革新的で切れ味の鋭い内容だった企画の「カド」が取れ、組織内で波風を立てない、誰からもツッコまれない、「丸まった」ものへと変貌していく。そんな「負の作用」が避けがたく発生するからです。そして、すべての部門が納得できる「妥協の産物」が、社長のもとに届くというわけです。

リーダーにしか「革命」は起こせない

社長は、このメカニズムに敏感でなければなりません。

なかには、「たくさんの人間が長い時間をかけて検討して、ここに上がってきたのだから」と、そのままハンコを押す人物もいますが、それでは社長がいる意味がありません。社長がいてもいなくても結論が変わらないのであれば、社長など不要ではありませんか。

たしかに、このような社長は組織の和を乱さないために、組織にストレスをかけることは少ないでしょう。社員にとっては〝居心地のいい会社〟かもしれませんが、その結果、組織に変化を嫌う文化が定着したとき、必ず、その組織はレームダック（死に体）に陥ります。

社会のたえざる変化に応じて会社の戦略も変化しますから、それに合わせて組織も変化し続けなければならないからです。組織というものは、多少の軋轢を抱えながらも、常に変化していく必要があるのです。

だから、社長は常に「手元に届いた企画書は〝妥協の産物〟である」という認識をもつことが欠かせません。「この企画が、本来もっていた価値を失っているかもしれない……」と不安を覚えなければならないのです。

そして、自ら企画書を読み込んで、その企画の「肝」が何なのかをつかみ取る。不明な点や疑問点は関係者を呼んで確認する。部署間調整のメカニズムがもたらす「負の作用」を念頭に置いて、その企画が「あるべきだった姿」を描き出す。そして、必要であれば、「丸まってしまった部分」を尖らせていく必要があるのです。

これは、社長にしかできない仕事です。なぜなら、企画を尖らせた結果、いくつかの部署から抵抗を受けたとしても、それを押し戻せるのは組織の最高権力者しかいないからです。社長にしか「革命」は起こせない。権力とは本来、こうした局面で使うべきものなのです。そして、これこそがリーダーシップなのです。

これは、ほんの一例です。

組織には、このような「負の作用」を伴うメカニズムが複雑に絡み合いながら存在しています。優れたリーダーは、このメカニズムを細部に至るまで知り尽くしている。そして、落とし穴にはまらないように、常に細心の注意を払っています。これができない鈍感な人物は、組織のメカニズムに操られる〝人形〟にしかなれないのです。

そうならないためには、若いころから、組織がどのように動いているのかをよく観察しておくことです。いや、自ら当事者として体感しておくことです。ときに組織は、属する人間に理不尽な思いを強要します。しかし、そのときこそ、組織のメカニズムを身体に刻み付ける絶好のチャンスなのです。

「部下の痛み」に敏感であれ。

19

Leadership

優れたリーダーは、絶対的な「厳しさ」をもつ

リーダーには「厳しさ」が求められます。

仕事というものはお客様に喜んでいただけなければ成立しませんが、これは簡単なことではないからです。骨身を削るような努力をしなければ、お客様を喜ばせることはできない。その先頭に立って骨身を削るのがリーダー。そして、部下の努力が足りなければ、叱咤激励《しったげきれい》する必要があります。

しかも、ビジネスは常に競争状態に置かれていますから、自社がどんなに質の高い仕事をしたとしても、ライバルがそれを超える仕事をすれば負けてしまいます。もしも、ライバルが想定を超える仕事を展開したときには、それでなくても全力を尽くしているメンバーに、さらに高い要求をしなければならない。そこに「厳しさ」が求められないはずがないのです。

また、リーダーは自らがくだした決断を簡単に揺るがしてはなりません。

もちろん、その決断が明確に誤っていることが判明したときには、即座に新たな決

断をくだす必要があります。そして、自らの判断ミスに対して明確に責任を取る必要も生じるでしょう。

しかし、少々、状況が悪化したり、社内外からの抵抗が強くなったからといって、一度くだした決断を簡単に取り下げるようでは話になりません。それは単に覚悟が足りなかったというだけのこと。それでは、以後、どのような決断をくだしたとしても、メンバーは心の底からその決断を尊重することはできません。リーダーの決断とは、それだけ重いものなのです。

これを部下の立場から見れば、「厳しいリーダー」ということになるでしょう。状況は悪い。しかも、社内外の抵抗も強くなっている。そのような状況にあっても、簡単には撤退させてもらえないということだからです。あくまで「悪路」を走り続け、戦い続けることを要求される。それは、厳しいことです。

リーダーは「意思」を貫徹しなければならない

私は家入さんの下で、その厳しさを痛感しました。

彼は、社内外の反対を押し切って、多大なリスクを背負いながら、ファイアストンの買収に踏み切りましたが、その後、予想どおり無数の問題が噴出。当初は察知できなかった問題が明らかになったり、アメリカを代表する名門企業であるプライドとのぶつかり合いが激化したり、次々とトラブルに見舞われたのです。

そのたびに、「それみたことか」「だから、俺は反対したんだ」といった声が社内外から家入さんのもとには届けられました。「剛」の人物であった家入さんは、顔色ひとつ変えませんでしたが、内心ではどれほどの葛藤があったことか。しかし、彼は一切ぶれませんでした。何がなんでもやり抜くという姿勢が1ミリたりともぶれることはなかったのです。

これは、社長直下のスタッフだった私にとっては、過酷な状況でもありました。社内外の反対を抑え、ファイアストンの執行部との協調をはかるために、水面下で駆けずり回る必要があったからです。トラブルの真っ只中ですから、一つひとつの交渉も厳しい。面罵《めんば》されるような局面すらありました。

もちろん、家入さんに泣きつくこともできません。家入さんの意思は石のごとく固いのです。その意思を貫徹するために、ありとあらゆる努力をするほかない。それが、私の置かれた立場だったのです。このとき、私は、優れたリーダーの「厳しさ」を学ばせていただいたのです。

リーダーは「厳しさ」をはき違えてはならない

しかし、世の中には「厳しさ」をはき違えているリーダーも多いと感じます。

私が、特に違和感をもつのは、若いころに自らが受けた理不尽な経験を、次世代にも強いようとする人々です。「俺はお前よりももっと厳しいことをやらされてきたんだ。このくらい当然だ」。こんな言葉を吐く上司をもったことがある人は多いのではないでしょうか。しかし、私には、「厳しさ」をはき違えているとしか思えない。こんなものは「厳しさ」でもなんでもない。ただの〝部下いじめ〟だと思うのです。

私も、それなりに理不尽な経験をしてきました。

特に感じたのは、トルコ駐在を命じられたときでした。入社2年目でタイ駐在を命じられたときは、大学で学んでいたタイ語を活かすチャンスでもありましたから、むしろ積極的にとらえていました。もちろん、当時のタイの生活環境は、敗戦後間もない日本とあまり変わらない。海外部門の花形だったアメリカやヨーロッパに配属された同期と引き比べて、一抹の寂しさはありましたが、「若いうちの経験だ」と割り切ることができました。

しかし、その後、日本本社勤務を経て、トルコ駐在を命じられたときには、「またか……」と愕然《がくぜん》としました。しかも、当時トルコには事務所すらなかった。つまり、私がひとりで事務所を立ち上げて、中近東の新しい拠点づくりをしろという命令だったのです。「次はヨーロッパかアメリカかな？」などと考えていたこともあり、「なんで俺が……」と割り切れない思いがしたものです。

何より、問題だったのは単身赴任以外に選択肢がないことでした。

当時、私は結婚をして小学生の子どももいました。だから、なんとか一緒に生活できないかとトルコの状況を調べ尽くしたのですが、とてもではないが家族を連れていくことはできない状況でした。

今の発展したトルコの状況からは想像もできないでしょうが、当時は、お店の棚には商品がほとんど並んでいないような状況だったのです。１９８２年に国がデフォルト（破産）してから間もない時期だったため、質のよい輸入品が全くなく、あるのは国産の劣悪品のみ。そのうえ、ひどいインフレで、毎週価格が上がっていきました。

外国人が住めるアパートも少なく、なんとか家具付きで借りた部屋も、素晴らしいのは外の景色だけ。カーテンもついていないので、仕方なくベッドのシーツを画鋲《がびょう》で窓枠に留めたものです。家族が遊びに来て、「トルコのカーテンは開かないのね」と言われたときには、笑うほかありませんでした。

このように、生活環境としては劣悪だったうえに、駐在地のイスタンブールには日本人が数十人しかいなかった。そして、日本人学校は遠く離れたアンカラにしかないし、インターナショナル校などもありませんでした。

しかも、隣国ではイラン・イラク戦争が起きていた。いわば戦時下にあったわけです。そんな場所に、家族を連れていけるはずがありません。だから、私は泣く泣く単身でトルコに駐在。ゼロからひとりで事務所を立ち上げ、中近東担当地域へのアプローチを始めたのです。

もちろん、このときの経験が、その後の私をつくってくれたのは事実です。

むしろ、アメリカやヨーロッパなどの花形部門に配属にならなかったことを感謝しているくらいです。なぜなら、世界は白人文化だけで成り立っているわけではないことを骨身に沁みて学ぶことができたからです。それに、アメリカやヨーロッパは組織が大きいために、組織の歯車として働くほかありませんから、まとまった仕事をひとりで任されることも少ない。ましてや、会社全体を動かす経験をすることができませんから、オーナーシップの感覚も身に付きにくいというデメリットもあるのです。

しかも、その後、市場として急進したのは、私が若いころに渡り歩いた発展途上国。いまや、こちらが花形と言ってもいい状況です。若いころに「花形」だった部門が、キャリアを重ねたのちも「花形」であることは、むしろ稀。その意味で、若いころに、東南アジアのタイや中近東のトルコでの駐在を経験できたのは、私にとっては幸運だったと言えるのです。

自分が感じた「痛み」を次世代に引き継ぐな

とはいえ、当時の私の心境はつらかった。

たったひとりで仕事をして、ウチに帰ってもひとり。食事も自炊。通信手段も高額の固定電話しかなかったので、家族との会話もほとんどすることができませんでした。他の中近東イスラム諸国には外国人居住地区があり、外国人にとって便利な施設が整っていたのですが、当時のトルコにはそんな施設は皆無。たったひとりで、生活文化のまったく異なるトルコ人社会に溶け込むのは、非常に骨の折れることでした。孤独感にもさいなまされたものです。

もちろん、ブリヂストンがグローバル競争で生き残るためには、誰かが中近東を開拓しなければならない。たまたま、その役目が私にも回ってきただけであって、そのことを恨みがましく思うのは筋違いだとは思いました。

しかし、アメリカやヨーロッパなどの恵まれた環境に家族とともに赴任していった社員との「格差」を意識せずにはいられませんでした。トルコ駐在中、常に、私の胸には「痛み」があったのです。あるとき、その「痛み」を先輩に漏らしたことがあります。そのときに返ってきたのは、あの言葉でした。「俺はお前よりももっと厳しいことをやらされてきたんだ。このくらい当然だ」。

たしかに、そうなのです。私より先に中近東に来ていた先輩は、私なんかよりもよほど苦労されていた。だから、私は反論をのみ込んで、「そうですね」と笑顔で返すほかありませんでした。しかし、こうも思いました。つらい思いをしたのなら、次の世代には同じ思いをさせないために改善する努力をすべきではないのか、と。そして、その思いを胸に秘めて働き続けたのです。

「痛み」を伴う経験で人間は成長する

そして、タイ・ブリヂストンのＣＥＯになり、采配を振るう立場にたったときに、それをひとつずつ実行に移すことを心がけてきました。若いころに、自分がたいへんだったこと、つらかったことを、社員たちには経験させたくない。その思いを具現化するように努めたのです。

まず第一に、フェアであることを徹底しました。社員を不公平な気持ちにさせてはいけない。ブリヂストンの社員である限りは、ホワイトカラーであろうとブルーカラーであろうと、先進国であろうと発展途上国であろうと、フェアな扱いを受けるべきです。だから、職場環境や福利厚生などで「格差」が生じないようにできる限りの手を打っていきました。

工場建設のときにも、そのことを十分に考慮しました。

当時、多くの日本企業は、労務賃、土地代などが安いことから、都心部から遠く離れた工業団地に工場を建てるケースが多かったのですが、アメリカやヨーロッパならいざ知らず、発展途上国の僻地《へきち》での生活はあまりにも厳しい。とても家族を連れてはいません。だから、僻地での工場建設は却下。日本から赴任する社員が家族とともに生活できる場所に建設するようにしたのです。

こうした決断は、リーダーにしかできません。

つまり、自分が若いころに味わった理不尽な「痛み」を改善することは、リーダーの仕事なのです。だから、私は「俺はお前よりももっと厳しいことをやらされてきたんだ。このくらい当然だ」という言葉は、リーダーが絶対に口にしてはいけないものだと思うのです。

こういう話をすると、「そうやって若い世代を甘やかすからいけないんだ」という反論をされることがあります。しかし、これは「甘やかす」ことではありません。理不尽なことは改善されるべきであって、その責務をリーダーとして果たしているにすぎないのです。

いや、本当の「厳しさ」とは、そんなところにはありません。

そもそも、仕事とは厳しいものです。お客様に喜んでいただくのは厳しいことであり、ライバルとの競争も厳しい。若い人たちには、その厳しさにしっかりと向き合ってもらえればいい。そして、リーダーとしてくだした決断に対して、厳格に処する。

その厳しさを貫くことこそが、真の意味で若い世代を鍛えることになるのです。

戦略的な「ケチ」であれ。

20

Leadership

「気前がいいリーダー」は、組織を弱体化する

「あの人はケチだからな……」

こういう評判が立つのは、あまり心地いいものではありません。どうせなら、「あの人は気前がいいね」と言われたいのが人情です。しかし、気前のいいリーダーは、一時部下の人気を集めることはあるかもしれませんが、長続きしません。いや、組織を根っこから腐らせる恐れすらあるでしょう。

当然です。お金を稼ぐというのは生半可なことではありません。現場が汗水垂らして稼いだお金を、気前よくジャンジャン使っていればアッという間に底を突いてしまいます。しかも、リーダーの「緩み」は、必ず全体の「緩み」に繋がります。その結果、ムダな経費ばかりが増え、ぜい肉過多の脆弱《ぜいじゃく》な組織体質へと変質。一度出来上がった組織体質は、一朝一夕には変わりませんから、これが組織を致命的な状況に追い込むことになるのです。

だから、私は「ケチ」に徹してきました。

ムダなお金は使わない。節約できるところはとことん節約する。細かいところまで、それを徹底してきたのです。「社長なのに、そんなことまで?」と思われたこともあったと思います。

たとえば、タイ・ブリヂストンのCEOに就任した直後のことです。当時、創業以来使用してきた社屋はかなり老朽化しており、事務所内も雑然としていました。事務所内のモノの秩序は、組織そのものの秩序を示しているものです。整理整頓が行き届いていている職場は、業務においても細かい配慮が行き届いている。お金の使い道にもメリハリが効いている。それが、私の経験値でしたから、正直、「職場の改善が必要だろう」と感じていました。

そんなある日、事務所でひとり残業をしているときに、書類をコピーする必要が生じました。そして、事務所の一角に置いてあるコピー機のところまで行って、少々驚きました。コピーに失敗した紙がグシャグシャになって散らかっていたからです。

コピー機会社との契約で、故障したときに連絡すれば、失敗した分についてディスカウントしてくれる仕組みだったにもかかわらず、失敗した分をきちんととっておくのが面倒だからという理由で放置していたのです。「これではダメだ……」と思わざるをえませんでした。

そこで、私は翌日、社員に「コピーに失敗した分は、箱にきちんと取って置き、コピー機会社に連絡してディスカウントしてもらうように」と通達。「今度の社長は、ずいぶん細かいな……」と苦々しい思いをさせたかもしれませんが、「ムダなことは一切やらない」という意識を徹底してもらうために、あえて「ケチ」な姿勢をはっきりと示したわけです。

その後も、手を緩めませんでした。気になることがあれば、その度に指摘。徹底的にムダ遣いをなくすようにメッセージを発し続けました。そして、「何事も基本はケチ」という方針を、少しずつ組織に浸透させていったのです。

「ローコスト・オペレーション」は、組織を亡ぼす

ただし、「ケチ」であることが、私の本旨ではありません。

むしろ、単なる「ケチ」は組織を壊します。経営状況が悪化すると「ローコスト・オペレーション」と称して、とにかく「経費削減」を徹底することで利益を確保しよ

うとする経営者を見かけます。絞るだけ絞って数字（利益）を生み出そうとするわけですが、これ一辺倒では、組織は必ずレームダック（死に体）に陥ります。

なぜなら、ローコスト・オペレーションだけでは、縮小再生産にしかならないからです。経営状況が悪化したということは、何らかの理由で事業構造に問題があるということ。その構造を転換することなくして、再び成長軌道に乗せることなどできるはずがありません。それを放置したまま、交際費や出張費など必要不可欠な経費まで絞りすぎると、社員のモチベーションまで下げてしまうことになります。とてもではありませんが、それで組織再生などできるわけがないのです。

だから、私は「リーン&ストラテジック（Lean & Strategic）」を標榜《ひょうぼう》してきました。「リーン」とは「ぜい肉がなく引き締まった筋肉質」という意味。「ムダなお金は使わない」＝「ケチ」ということです。そして、「ストラテジック」とは「戦略的」という意味。つまり、「ケチ」に徹することで、ぜい肉がなく引き締まった健全な組織体を築き上げるとともに、そこで浮いたお金を戦略的な投資に回すということです。重要なのは「リーン」と「ストラテジック」を同居させること。そうすることではじめて、「経営の質」を高め、「持続的成長」を遂げる企業にすることができるのです。

数字は「絞り出すもの」ではなく、「創り出すもの」である

企業は何のためにあるか？　そして、私たちは何のために働いているか？

シンプルなことです。お金、労力、知恵などのリソースを投資して価値あるものを生み出すことによって、適切なリターン（利益）を得るためです。そして、獲得したリソースを再投資することで、世の中に提供する価値を最大化していく。だからこそ、世の中は豊かになり、企業は成長することができ、働く個人も喜びを感じることができる。「戦略的な投資」とは、まさに資本主義の本質そのものなのです。

つまり、「ローコスト・オペレーション」とは資本主義から逸脱した考え方ということ。「ローコスト」に抑えることで、数字を絞り出そうと考えるとは、「世の中に価値を提供する」という企業本来の役割を放棄することに等しいと言えるからです。

むしろ、企業は価値を生み出すために必要なお金はたくさん使ったほうがいいと言うべきです。その投資効率を最大化するために「リーン」に徹する。そして、世の中に価値を提供することに成功すれば、数字（利益）はあとからついてきます。つまり、

数字（利益）は絞り出すものではなく、創り出すものなのです。そのためには、「リーン&ストラテジック」こそが正しい考え方なのです。

「リーン&ストラテジック」こそが、リーダーの鉄則である

だから、私は、その後も一貫して「リーン&ストラテジック」に徹しました。

失敗したコピー紙を皮切りに、「ムダなお金は使わない」という方針を徹底する代わりに、必要な投資を積極的に推し進めていったのです。

優先したのは職場環境の改善でした。社屋の老朽化が進んでいましたから、浮いたお金を修繕費に回したのです。車の騒音がうるさくなってきたので、窓ガラスを二重にしたほか、カーテンもじゅうたんも新しいものに交換。手狭になっていたのでフロアも増床。機材も新しいものに取り換えていきました。

これが、社員の士気向上に結び付きました。はじめは「ケチな社長が来た」と思っていたはずですが、「ムダなお金を節約することによって、自分たちにリターンが返ってくる」ということを理解してくれるようになったのです。そして、私がうるさく

言わなくても、積極的に「リーン」に徹してくれるようになりました。

しかも、士気が上がったうえに、働きやすい環境が整ったのですから、彼らの仕事もより効率的になる。当然、業績も向上していきます。そこで得た利益を職場環境の改善に再投資する。すると、さらに社員の士気が上がり、業績が向上する。このような好循環が回り始めたのです。

最終的には、事務所を市内でいちばんいいビルに移転。また、創業以来の老朽化した工場の事務所も近代的な新築事務所に変えました。社員たちに聞くと、「古くてボロい建物だから、友だちに見せられない」というので、「だったら自慢できるような場所に移ろう」と考えたわけです。これには、みんな大喜び。彼らの士気が最高潮に達し、タイ・ブリヂストンがトップシェアを確立する原動力となったのです。

だから、私はこう確信しています。

リーダーは、戦略的な「ケチ」でなければならない、と。ぜい肉のない筋肉質な組織をつくるためには、「ケチ」に徹しなければならない。「ケチ」は、経営の質を高める原点。しかし、「ローコスト・オペレーション」に陥ってはならない。重要なのは、「ケチ」と同時に、価値を生み出すための積極的かつ効率的な投資をすること。「リーン＆ストラテジック」こそが、優れたリーダーの鉄則なのです。

「権力」はできるだけ隠す。

21

Leadership

権力という「刀」を、隠すことに細心の注意を払う

会社とは何か？

私は、事業目的（理想）に共感する人々が集まり、それを実現するために力を合わせる「場所」だと考えています。つまり、会社が存在する根源には「理想」があるということ。そして、「理想」の実現に向けて協力関係を構築すれば、そこには自ずから秩序が生まれる。これが、会社のマネジメントの原理原則。この原理原則をなおざりにしたとき、会社は必ず自壊し始めるのです。

とはいえ、綺麗事だけではうまくいかないのが現実。「理想」に向かうメンバーの自発性だけを頼りに秩序ある組織を生み出すのは至難のワザです。人間の集団ですから、必ずそこには軋轢や対立が生まれる。それを制御するためには、どうしても「権力」が必要。かつて、バブル後の不良債権回収で辣腕《らつわん》を振るった中坊公平氏は「正面の理、側面の情、背面の恐怖」という言葉を遺しましたが、「背面の恐怖」は組織を統制するうえでは欠かせないものだと認識する必要があります。

もちろん、「恐怖」はできるだけ使わないほうがいい。

権力を行使すれば、必ず、反感や恨みを買うなどの反作用があるからです。そもそも、部下は常にリーダーの背後に、権力という「刀」がちらつくのを見ながら働いています。リーダーは「権力」を使っていないつもりでも、部下にすれば「権力」のプレッシャーを受けているのです。だからこそ、ときに過剰な〝忖度〟がなされるがために、組織の風通しが悪くなってしまう。そのような事態を避けるためにも、リーダーは「刀」を隠すことに細心の注意を払うべきなのです。

「権力」ではなく「実力」でリーダーシップを示す

ただし、「権力」をできるだけ使わずに、「リーダーは自分である」ということを明確に示す必要があります。そのためには、どうすればいいのか？

シンプルですが、「実力」を見せるということ以外にないと、私は思います。がむしゃらに「権力」を使ってリーダーであることを認めさせたとしても、メンバーは内心では反発を覚えていますから、それで生まれる秩序は、いわば〝見せかけの秩序〟でしかありません。「実力」を見せることで、メンバーが心から「このリーダーについていこう」と思ったときにはじめて、真の意味での秩序が生まれるのです。

これこそ「王道」。そして、優れたリーダーは「王道」を行くべきなのです。

これを痛感したのは、ファイアストンを買収してから二十数年にわたる統合プロセスにおいてです。

1988年に買収した当初、ファイアストンとの統合は苦難を極めました。当時、私は社長直下の秘書でしたから、社長である家入さんが苦慮する姿を目の当たりにしていました。自身が率いるブリヂストンがリーダーであることを、ファイアストンの経営陣・社員に明確に示さなければならないのですが、権力的な強いアプローチを取るのはあまりにリスクが高かったからです。

まず第一に、当時、ファイアストンは最悪の経営状況に陥っていましたが、アメリカの超名門企業でしたからプライドは異様なまでに高かったからです。そのプライドをあからさまに傷つけるようなことをしても、両者の関係をこじらせることにしかならないのは明らかでした。しかも、ファイアストンは「アメリカの誇り」でもありましたから、ヘタをするとアメリカ世論を敵に回す恐れすらあった。

また、当時の日本企業がそうであったように、ブリヂストンもM&Aの経験が乏しかった。しかも、ファイアストンは、ブリヂストンよりはるかに歴史が古く、世界における存在感も圧倒的に大きいグローバル・ジャイアントでしたから、まともにぶつかり合うには相手が悪すぎる。買収直後から強い対応ができないことは明白だったのです。

相手をリスペクトしつつ、ピリッと「権力」を効かせる

では、その後二十数年をかけて、なぜリーダーシップを確立できたのか？

その最大の要因は、当初から一貫して、ブリヂストンの「実力」を示し続けるという姿勢を堅持したことにあると、私は考えています。

当初、ファイアストンの人事への権力的介入を最小限に留めたことなどに対して、外部の目からは生ぬるい印象もあったようですが、それも承知のうえで、家入さんは現実的な路線――すなわち、時間がかかっても「実力」を示しながらリーダーシップ

を確立する――を敷きました。

常に相手に対するリスペクトを示しつつも、資金調達、素材技術、製品開発技術、生産技術、品質管理、販売などあらゆる領域で、ブリヂストンの有するノウハウをもって、ファイアストンが抱えている問題を着実に解決していく。その繰り返しによって、時間をかけて統合を進めていこうと考えたわけです。

もちろん、「穏当路線」だけで統合が進んだわけではありません。

実は、家入さんも「穏当路線」に終始していたわけではありません。ある日、「ファイアストン経営陣のキーパーソンに更迭を言い渡すから、お前も陪席するように」と言われたときのことは忘れられません。買収直後の混乱気味のファイアストンで柱になっていた経営幹部を前に、家入さんは全くひるむことなく毅然と更迭を宣告。最小限に留めはするが「必要な権力行使は断固やる」と明確に示したのです。

いわば、相手に対するリスペクトを示しつつも、ピリッと「権力」を効かせたわけです。ここに、家入さん一流の手腕を見る思いがしたものです。

また、家入さんの後継ＣＥＯの「剛腕」もファイアストンの再建に大きな貢献をしました。ファイアストンの経営体制を権力的介入によって刷新したほか、事業立て直しに尽力し、長年赤字体質だったファイアストンの黒字化を成功させたのです。しかし、その後、ファイアストンにリコール問題が発生。新たな後継CEOがその問題を解決するとともに、再び「穏当路線」に回帰。そのうえで、私にバトンを渡してくださいました。

このように、ブリヂストンは、ときに権力的なアプローチで経営刷新を行いつつも、基本的には穏当に「実力」を示し続けることに徹してきました。だからこそ、権力的介入で起きる軋轢を最小限に抑えることができたのだと、私は見ています。

そして、そのプロセスで、ファイアストン・サイドも、明らかにブリヂストンのほうが「実力」があることを認めざるを得なくなった。両社の経営陣・社員の交流や一体化も進んでいった。その結果、ファイアストンが抱えていた問題を一つひとつ解決しながら、あらゆる部門で両社の融合が進み、異文化のハイブリッド・グローバル・カンパニーが出来上がったのです。

この二十数年にわたる統合プロセスを、間近に見ることができたのは、私にとって大きな財産となりました。基本的には、「権力」ではなく「実力」でリーダーシップの所在を示す。これこそが、平和裏にリーダーシップを確立する最善の方法であることを学んだからです。

世の中には、いわゆる〝マウンティング〟によってリーダーシップを示そうとする人物もいますが、そんな手法によってつくられたリーダーシップなど脆く危ういものです。相手に対してリスペクトを表明しつつ、「実力」を明示することによってこそ、本物のリーダーシップを確立することができるのです。

「権力の行使」は、冷静かつ断固として行う

しかし、そうして平和裏にリーダーシップを打ち立てたうえで、それでもなお指揮命令系統を乱す者については、権力的アプローチで制裁を加えるほかありません。そのときには、冷静かつ断固とした対応をとらなければなりません。重要なのは公正公平であること。明らかなルール違反を放置しているようでは、そこに不公平が生まれ、組織のモラールダウンを招きますから、厳格に対処する必要があるでしょう。

また、万全のサポートをしたにもかかわらず、結果を出すことができない人物についても、権力的なアプローチを避けるわけにはいきません。もちろん、役職のつかな

い若い世代の人々は「育成」することが第一ですから、権力的なアプローチは不要。むしろ、彼らが結果を出せない責任はリーダーにあると、真摯に反省をすることが求められます。

しかし、課長、部長、役員と役職が上がるにつれ、結果を出せない人物に対しては権力的アプローチによって対処する必要があります。

私は常々言ってきたのですが、たとえば、課長に就任した人物が「これから勉強して、結果を出せるようにがんばります」などと挨拶するのは許容するべきではありません。役職のないうちは「育成期間」ですから、「勉強します」で構わない。しかし、役職がついたということは「育成期間」が終わり、「結果を出すことだけが求められる」ようになったということ。そして、結果を出せなかったときには、それなりの対処がなされるのが当然だと覚悟を決めなければならないのです。

経営陣の一角を占めるようになれば、さらに厳しくなります。

私も、ブリヂストン・ヨーロッパのCEOだったときには、やむなく何社かの子会社CEOを解任しました。

当時、ブリヂストン・ヨーロッパ全体も財務状況が悪かったうえに、各国に点在する子会社の統制も十分ではなかった。そこで、私は、各社のオーナーシップを尊重しながらも、ブリヂストンの「実力」をもって各社の問題を解決することで、リーダーシップの確立に努めました。そして、ヨーロッパ全体としては経営状況に改善の兆しが表れ始めたのですが、旧態依然としたままの子会社も散見されました。

そこで、私は、それら子会社のCEOと面談をして、改善策を提案するとともに全面的なサポートを申し出ました。そして、期限を切ったうえで達成すべき事項、目標数値を明示。そのうえで、私にできることは誠実に遂行して、各子会社の経営をサポートし続けました。

ところが、それでも経営手法を変えようとしないうえに、期限が過ぎても目標を達成できない子会社がありました。ここで、私はそれら子会社のCEOの解任を決断。猛然と抵抗するCEOもいましたが、私は一切その言い分を聞き入れることなく、ブリヂストン・ヨーロッパCEOとしての権力を行使しました。

真摯に経営努力をしてくれていた多くの子会社のCEOは、私の断固とした処分に好感をもってくれました。と同時に、私が握っている「刀」が〝真剣〟であることを知ったことで、ブリヂストン・ヨーロッパという大きな組織にピリッとした緊張感がみなぎるようになったのです。

第5章

すべては「理想」から始まる

臆病な「理想主義者」であれ。

22

Leadership

リーダーシップに、「年齢」も「職位」も関係ない

「理想」と「現実」――。

私たちは、常にこの狭間で生きることを余儀なくされています。

理想を持たない者は、現実的対応に追い回されるだけであり、現実を見据えない理想主義者が口にするのは〝寝言〟のみ。重要なのは、理想と現実のバランスをとることです。ただし、私は、優れたリーダーになるためには、常に理想から出発する必要があると考えています。

なぜなら、人間という存在は、理想を求めることに根源的な喜びを感じるようにできているからです。楽しい仕事とは何か？　それは、魅力的な理想を実現する仕事にほかなりません。ただ、現実的対応に終始するような仕事が楽しいとは、誰も思わないのではないでしょうか？　そして、楽しい仕事をするからこそ、リーダーシップの根っこが育つのです。

そして、その理想が真に魅力的であるからこそ、周囲の人も共感してくれる。その

理想に向かって努力する人物の姿を見て、周囲の人が「力を貸そう」「協力しよう」と思ったときに、はじめてリーダーシップが生まれるのです。つまり、理想こそが、リーダーシップの根源にあるということです。

これは、年齢や職位などにはまったく関係のないことです。

皆さんも、こんな経験があると思います。たとえば、野球チームに入っている子どもが、チームを強くして大会で勝ちたいと思って、チームメートを集めて毎日練習していれば、応援しようと思うはずです。練習中に飲み物を差し入れたり、試合となれば応援にかけつけたり……。あれは、「大会で勝ちたい」という理想を一生懸命に追求している子どもの姿に、大人が共感したからこそ生まれる行動。リーダーシップを発揮しているのは子どもなのです。

「鈍感な理想主義者」は、必ず現実に敗北する

入社2年目のときに、タイ・ブリヂストンで在庫管理で苦しんだ私もそうでした。

あのとき、工場立ち上げの最中、メンバーは懸命に汗を流していましたが、それが負のスパイラルを生んでいた。忙しいから、在庫管理がズサンになる。その結果、発送ミスが発生して返品があるなど現場はさらに混乱。その対応に追われて、さらに在庫管理がズサンになる……。その状況から脱するために、私は、「在庫管理を徹底すれば、みんなが楽になるんだ」と理想を説いて回りました。

そして、自ら汗をかいて、少しずつ改善を加えることによって、実際に仕事が楽になると、理想に共感してくれるメンバーが増加。私がとやかく言うまでもなく、自発的に改善をするチームへとなっていったのです。

あれが、私にとって、理想のもつ力を体感したはじめての経験となり、それ以降、ブリヂストンのCEOを勤めあげるまで、一貫して理想をすべての出発点にする習慣が身に付いたのです。

ただし、臆病な理想主義者でなければなりません。

すでに述べたとおり、現実を見据えない理想主義者が口にするのは〝寝言〟のみ。そのような理想主義者は必ず現実を前に敗北を喫するからです。特に、職位が上がるにつれ、掲げる理想は大きくなっていきます。このときに、現物・現場・現実の「3

現」からかい離すれば、現場の離反は避けられません。だから、理想を掲げつつも、臆病な目で現実とのかい離を見定め、適切な目標を設定することが欠かせません。これが、機能するリーダーシップを生み出す「肝」なのです。

「理想」へ向かう歯車が自然と回り始める理由とは?

たとえば、すでに述べたように、私がタイ・ブリヂストンのCEOになったとき、社屋も工場も老朽化が進んでいました。

私は、「ブリヂストンの社員である限り、ホワイトカラーであろうがブルーカラーであろうが、先進国であろうが発展途上国であろうが、公平な職場環境を実現すべきだ」という理想を掲げていましたから、「この社屋では恥ずかしくて、友だちを連れてこられない」と嘆く社員たちの声を聞いて、彼らが胸を張って友だちを連れてこられる職場にしたいと考えました。

しかし、一足飛びに豪華な職場にするだけの資金もありませんし、たとえ、それができるだけの資金があったとしても、そうするのは決して得策ではないと思いました。

なぜなら、社員たちが「自らの力で最高の職場環境を手に入れた」と思ってもらうことに意味があるからです。単に会社から与えられただけであれば、かえってモラールダウンを招くおそれすらあると考えたのです。

だから、私はコピーのムダの削減、ムダな電気の消灯など、細かい「ケチ」を徹底するところから着手。その結果、生み出された資金を元手に、まずは職場の改修を実施。こうして、努力をすることによって職場環境が改善されることを、社員たちに実感してもらうようにしたのです。

これが非常に効果的でした。私が掲げる「理想」が単なる口約束ではないと信じてもらえましたし、自分たちが努力すればさらに職場環境がよくなると希望をもってもらえたからです。その後、社員たちは、ムダを徹底的に省くのはもちろん、売上・利益の増大のためにより一層積極的に汗をかいてくれるようになりました。その結果、最終的にはバンコクの一等地に事務所を開設するに至ったのです。

このように、理想を掲げつつも、現実的な目標を示して、メンバーとともに汗をかく。そして、第一の目標を達成すれば、理想へ向けて努力する歯車が自然と回り始めるのです。

リーダーは「芸術家」であれ。

23

Leadership

問題解決だけでは、「真のリーダー」にはなれない

臆病な理想家――。

私は、これが優れたリーダーの特性だと考えています。理想をもたない者は、現実対応に終始するのみ。それでは、組織に活気を生み出すことはできませんし、何より発展性がない。理想こそが組織の活性剤であり、組織を持続的成長に導く原点なのです。ただし、現実を見据えない理想主義者が口にするのは〝寝言〟のみ。だから、現実を冷徹に見据えながら、臆病に理想を描き出すリーダーこそが卓越した存在になりうるのです。

こう言ってもいいでしょう。

ソリューションに徹する人物は有能なビジネスパーソンではあっても、真のリーダーたりえない、と。「ソリューション型リーダー」などとカタカナ語（横文字）を使えば格好よく聞こえますが、日本語に直せば「課題解決型リーダー」すなわち「困り

ごと解決屋」にすぎません。

つまり、与えられた課題を解決する「受動的」な存在に終始するということであり、彼が最大の能力を発揮したとしてもブレークイーブン（損益分岐点）に持ち込むのが限界。組織を成長させるリーダーとはなりえないのです。

だから、リーダーは、自ら課題をつくり出すクリエイター（創造者）でなければなりません。

リーダーが仕事をするときには、まず第一に担当する仕事の「理想像」＝「あるべき姿」を思い描く。その「あるべき姿」と「現実」の距離こそが、リーダーが自らつくり出した課題なのです。

そして、その課題を解決するための道筋を、メンバーとともに考え出して実行する。その結果、組織に新たな地平を切り拓くという「能動性」こそがリーダーシップ。もちろん、リーダーたる者、ソリューションもできなければなりませんが、クリエイションヨン（創造）こそがリーダーシップの本質だということは、いくら強調してもしすぎることはないのです。

優れたリーダーは、「絵描き」に似ている

その意味で、リーダーは「絵描き」に似ていると思います。

私は学生時代に美術部に入って絵を描いていましたから、それとの相似を考えるせいかもしれませんが、真っ白なキャンバスを前にしながら、「どんな絵を描こうか？」と仕上がりをイメージするのと、リーダーとして「あるべき姿」を思い描くのは非常に似ていると思うのです。

まず重要なのがキャンバスの存在です。

絵を描くキャンバスに面積という制約があるのと同様に、リーダーが理想を描くフィールドも無限ではありません。そこには必ず、予算、人員、期限などの制約がある。その限られたキャンバスに、どのような構図で「あるべき姿」を描くのがベストなのかをイメージするわけです。

たとえば、私がタイ・ブリヂストンCEO時代に第2工場建設を提案したときであ

れば、当時のタイ・ブリヂストンの用意できる資金等のリソースを見極めたうえで、それが許容する範囲内で、労働環境、環境への配慮、生産効率などあらゆる側面で「世界的なモデルとなりうる工場」「従業員、取引先、地域の話題・誇りになる工場」をイメージ。私なりに、大ざっぱなデッサンをするように「あるべき姿」を描き出しました。

この段階ではデッサンで十分です。

もちろん、メンバーのやる気をかき立てるだけの魅力と説得力を備えている必要はありますが、あまり細かいところまで描き込むのは弊害のほうが大きいでしょう。能力的な限界も当然ありますが、なによりも、リーダーひとりで細部まで決めてしまうと、メンバー個々人がオーナーシップをもつ余地をなくしてしまうからです。

むしろ、リーダーが注力すべきなのは、「あるべき姿」のコンセプト――「世界的なモデルとなる工場」「関係者の話題・誇りになる工場」をつくるというコンセプト――を明確に打ち出すこと。そして、メンバーに「こんな工場をつくりたいんだけど、力を貸してくれないか?」と投げかけ、個々人の貢献意欲を引き出すことこそが重要なのです。

そのうえで、リーダーが描いたデッサンをベースに細部を描き込んでいくわけですが、この段階ではメンバーにどんどん参加してもらうのがいい。そして、あまり細部をコントロールしようとするのではなく、徹底して彼らの意見に耳を傾けることが大切です。

なぜなら、細部を知悉《ちしつ》しているのは、いままさに現場にいる彼ら以外にはいないからです。リーダーの示した「あるべき姿」のコンセプトに共感してもらいさえすれば、必ず「ここはこう描くべきだ」ときめ細かなアイデアを提示してくれます。それを、どんどん取り入れて「あるべき姿」を緻密に描き込んでいけばいいのです。

リーダーは「コンセプト」をがっちりと握り続ける

このプロセスで最も重要なのは、メンバーのオーナーシップをとことん大切にすることです。「あるべき姿」のコンセプトに共鳴したメンバーが、それぞれの持ち場で自らの専門性を発揮してくれることによって、こちらの想像を超えるようなレベルのプロジェクトへと進化していくことがあるからです。

第2工場のときが、まさにそうでした。

「世界のモデルとなるような工場をつくろう。機能的かつデザイン性にも富んだすごい工場をつくろうじゃないか」「みんなが、これはすごい、というような工場をつくろうじゃないか」という呼びかけに共鳴した建設担当のメンバーは、資金的な制約があるにもかかわらず、私の想定をはるかに超える設計図をまとめてくれました。

これが、私のやる気をさらに高めるとともに、チーム全体の士気を高めてくれました。当初は、私のリーダーシップによって始まったプロジェクトですが、個々のメンバーのオーナーシップを保証することで、彼ら一人ひとりがリーダーシップを発揮し始めると、今度は彼らが私を引っ張っていくようになり、チーム全体の生産性が加速度的に高まっていったのです。

そのためにも、リーダーはあまり細部までコントロールしようとしないほうがいい。もちろん、全体の方向性の舵取りはリーダーが握っていなければなりません。「あるべき姿」の根幹を成すコンセプトをがっちりと握って、そこからズレるものは排除する必要があります。

また、全体のバランスを見るのもリーダーの役割です。メンバーはそれぞれの立場でベストの提案をしてくれますが、それはあくまで「部分最適」。それらを寄せ集めただけでは、「全体最適」を図ることはできません。「全体最適」を見ることができるのはリーダーだけですから、その役割をしっかり果たさなければなりません。

ただし、権力的に仕切るというスタンスは最低限に抑えたほうがいいでしょう。むしろ、何度でも「あるべき姿」の全体像を説くことで、個々のメンバーにも「全体最適」のイメージを培ってもらう努力をすべきです。

骨が折れる局面もありますが、彼らもプロジェクトを成功させたいという思いは同じですから、「部分最適」にこだわるのが愚かなことであることは必ず理解してくれます。そして、同じ結論であったとしても、結論を押し付けられたと感じるか、自らの意思でたどり着いた結論だと思えるかで、実行力には雲泥《うんでい》の差《さ》が生まれます。

あくまでも、メンバーのオーナーシップを大切にする――。

この急がば回れの精神が、結果としてリーダーシップを強固なものにしてくれるのです。

「目先の危機」ではなく、
「危機の先」を見つめる。

24

Leadership

「リーダーシップの本質」は世界不変である

リーダーシップとは、メンバーを無理やり動かすことではありません。

そんなことをしても反発を食らうだけ。それよりも、魅力的なゴール――すなわち「理想＝あるべき姿」――を示して、メンバーの共感を勝ち得ることが重要。そして、メンバー一人ひとりのオーナーシップを尊重することで、チームが自発的に動き出す状況をつくる。こうして結果を生み出していくことこそがリーダーシップ。それを、私は、入社2年目の在庫管理にまつわるトラブルに遭遇したときに学びました。

そして、その後、私は、ひとり海外事務所長、部下数人の課長、部下数十人の部長を経て、タイ現地法人CEO時代は数千人の社員とともに働きましたが、入社2年目で学んだリーダーシップの本質は、地域、人種、組織規模にかかわらず、あらゆる場所で通用する「真理」であるとの確信をもつにいたりました。

そこで、ブリヂストン・ヨーロッパのCEOとして、十数か国に点在する子会社で働く1万人を超える社員たちをまとめる立場になったとき、このリーダーシップのあり方を「仕組み化」することにしました。同社ですでに導入されていた中期経営計画を、私独自の仕組みに変えたのです。

中期経営計画と名付けられた仕組みは、数多くの企業で採用されていますが、私が見るところ、大きく2つの形に収れんされます。ひとつは、本社中枢が決めた計画を現場に割り振るもの。そして、もうひとつが、現場が立てた目標を積み上げたものです。しかし、この両者ともに「計画」としては機能しないと私は考えています。

前者はトップから現場への〝押しつけ〟にほかなりませんから、現場のオーナーシップは皆無。〝やらされ感〟だけが募るため、現場のモチベーションが上がらない。しかも、現場の実情を踏まえない「計画」になりがちですから、現場からは「OKY」と思われるだけ。当然、結果もついてきません。

かといって、現場からの積み上げだけでも機能しません。現場の厳しさを知っているからこそ、現場は保守的になりがちだからです。その「保守的な計画＝現状の延長線上にある計画」をいくら積み上げても、高い目標設定にはならない。しかも、現場は「部分最適」の発想をしますから、「全体最適」も損なわれる。それでは、組織全体として最高のパフォーマンスを実現することは不可能と言わざるをえないのです。

「機能する計画」をつくるシンプルな鉄則

だから、私はブリヂストン・ヨーロッパの中期経営計画を概略次のような仕組みにしました。

出発点は、CEOである私がグループ全体の「あるべき姿」を示すことにあります。このときには、「3年間で黒字体質と成長体質をあわせもつグループを確立する」という「あるべき姿」を描き、それを各子会社のCEOに伝達しました。そのうえで、各子会社の置かれている現状を踏まえながら、それぞれが主体的に自社の「あるべき姿」を描き、それをもとに中期経営計画を策定。それを全部集めたうえで、ヨーロッパ本社で全体の整合性をチェック。必要であれば、オーナーシップをもつ各子会社のCEOとしっかりとコミュニケーションを取って、合意を得ながら整合性をとっていくわけです。

こうして、子会社ごとに各年度の投資計画・人員計画など具体的な施策を全て入れ、時系列で並べた中期経営計画を策定したうえで、最終的にはグループ全体で整合性のとれた連結計画に確定して、グループの幹部全員で共有。これを、毎年1年ずつ延長してローリングしていくことによって、「あるべき姿」に一歩一歩近づき達成するという仕組みです。この中期経営計画を勝手に変更することは、本社、各子会社ともに禁止。必要であれば、必ず協議し、お互いに納得したうえで変更を加えます。いわば、従来ありがちだった2つのタイプの中期経営計画のハイブリッド型とも言えるかもしれませんが、私は、本来あるべき当たり前の計画のつくり方をしているだけという認識でいます。

なぜなら、ここでやろうとしているのは、要するにリーダーが魅力的な「あるべき姿」を描き、それに共感するメンバーが、オーナーシップをもってそれぞれの仕事を進める、というリーダーシップの基本を大がかりな「仕組み」にしただけのことでもあるからです。本質的には、入社2年目のときにやったことと変わらないのです。

「リーダーシップ」とはきわめて脆いものである

ただし、重要なのは「仕組み」ではありません。

最も重要なのは、「仕組み」を動かすときの原理原則。それこそが、本書でこれまで書いてきたリーダーシップの鉄則です。これを忘れたとき、この「仕組み」は命を失ってしまうからです。

たとえば、各子会社ＣＥＯの自尊心とオーナーシップを大切にする。たとえ、そのとき業績が悪かったとしても責めるのではなく、合目的的に「どうすれば計画を達成できるか」とともに打開策を考える。そして、勇気づけて、元気になって現場に戻ってもらう。その元気な姿を見た現場のメンバーも士気が上がるはずですし、何よりも、ＣＥＯも同じように現場のメンバーの自尊心やオーナーシップを尊重し始めるはずです。ここに生まれるモチベーションが、「計画」を遂行する原動力となるのです。

あるいは、「現物・現場・現実」を大事にすることも必須です。私が、全体の「あるべき姿」を描くためには、その前提として、できる限りの現場を体感するとともに、現場の話を傾聴することが不可欠です。現場の難しさを深く理解せずして、現場のメンバーが魅力を感じる「あるべき姿」など描けるはずがないからです。

リーダーシップとは脆いものです。これらの原理原則から外れたとき、いとも簡単にそれは失われてしまう。そして、中期経営計画も現場の手足を縛る〝数値コミットメント〟に堕してしまうことになりかねない。だから、原理原則から外れないように、細心の注意を払ってこの「仕組み」を回す。そのことを、私は自分に課していました。

そして、これが非常に威力を発揮してくれました。

グループ全体の「あるべき姿」に共感してくれた各子会社のＣＥＯは、みなが同じ方向を向いて全力を上げてくれました。自分がオーナーシップを持って策定した目標ですから迷いもありませんし、自信をもって社員とコミュニケーションができます。すでに述べたように、どんなにサポートをしても経営方針を変えようとしない何人かのＣＥＯはやむなく更迭しましたが、それもグループ全体の向かうべき方向を固める一因として機能してくれました。

しかも、３年間の計画を立てる初年度は多大な労力を要しますが、次年度以降は前年の進捗状況を踏まえて、すでに決定している計画を修正するだけで単年度計画ができますから非常に効率的。本社は各子会社の現実を認識していますし、子会社は「全体最適」をイメージできているのでコミュニケーションもスムースになり、事業スピードも格段に向上しました。

その結果、ブリヂストン・ヨーロッパのＣＥＯに就任した当時は、グループ全体の経営状況はきわめて厳しい状況にありましたが、中期経営計画に掲げた「黒字体質と成長体質をあわせもつグループを確立する」という目標を達成することができました。

何より嬉しかったのは、ブリヂストン・ヨーロッパのＣＥＯを勤め上げ、日本に帰任する直前に、数人の子会社ＣＥＯが訪ねてきて、「これまで、ありがとうございました。あなたに、経営とは何かということを教えてもらった」と謝辞を伝えられたことです。私のビジネス人生において、最も嬉しい瞬間のひとつとなりました。

14万人の社員と「あるべき姿」を共有する

こうして、この中期経営計画に自信をもった私は、本社のＣＥＯに就任したときに、これを全社に導入することを決定しました。そして、これが、その後遭遇したリーマンショックという想定外の危機をチャンスに変える大きな働きをしてくれたのです。

ＣＥＯ就任後、私は、すぐさま「あるべき姿」として「名実ともに世界ナンバーワン企業になる」を掲げ、定量目標として「ＲＯＡ（総資産利益率）６％」、定性目標として「成長体質と増益体質を併せもつ事業体への変革」を明示。全世界の子会社ＣＥＯと膨大なコミュニケーションを取りながら、５年の中期経営計画を策定しました。

なかでも、私が重点課題として注力したのが、全世界に点在する工場の整理・強化でした。ファイアストンの買収をはじめ、事業を大きく拡大してきたがために、国際競争力が低下した工場を抱えたままだったほか、今後の収益の柱を担うべき戦略商品を生産する工場を新設する必要に迫られていたからです。つまり、全世界の工場を「リーン&ストラテジック」という方針のもとに再編する必要があったのです。しかも、できるだけ速く……。

ところが、これが難題でした。なぜなら、足元の需要に応じるために既存の工場をフル回転させている状況において、工場再編を進めることによって、万一、供給量を落とす事態を招けば、その間隙をついて、一気に他社にシェアを奪われ、回復不能になるおそれがあるからです。ディストリビューターにすれば、ある会社で欠品が生じれば、別会社の商品を扱うようになるのは当然のことです。

だから、統廃合と新増設は同時に進めなければならないのですが、どうしても統廃合が先行して、新増設が遅れがちになるのが現実。このタイムラグが命取りになりかねないわけです。そのため、工場再編には慎重にも慎重を期す必要がある。できるだけ速く成し遂げる必要があるのに、それができないジレンマを抱えたまま中期経営計画を策定するほかなかったのです。

「目先の危機」ではなく、「危機の先」に目を凝らす

ところが、CEO就任3年目となる2008年にリーマンショックが起こります。それに伴い、タイヤの需要も大きく減少。社内外は騒然としました。そんななか、私のもとには「これだけのことが起きたのだから、中期経営計画はご破算ですよね？」という質問がたくさん寄せられました。

しかし、私は「もちろん、状況変化が起きたのだから修正は加えるが、基本的な骨組みは一切変える必要がない」と明言しました。

なぜなら、中期経営計画のゴールである「あるべき姿」は、リーマンショックが起こったから変わるような性質のものではないからです。たしかに、リーマンショックは大きな変化ではありますが、「経営環境は変わる」のは中期経営計画の前提条件。その「環境変化」に適応する必要はありますが、「あるべき姿」を変える必要はない。「環境変化」によってコロコロ変えるのならば、そもそもそれは「あるべき姿」ではなかったと言うべきです。

むしろ、私は、リーマンショックを「100年に一度の危機」とやたらと騒ぎ立てる風潮に違和感を感じていました。もちろん、足元の需要はドーンと落ちていますから、目先の業績は苦しくなるのは目に見えている。それは、たしかに危機です。しかし、目先の危機に気を取られるのではなく、危機の先に起こる「自社の危機」をこそ恐れなければならない。そして、その視点から現実を凝視したとき、リーマンショックは「千載一遇のチャンス」だったのです。

「計画」は変化に即応するためにある

どういうことか？

国際競争力が低い工場を閉鎖することができず、稼働し続けなければならなかったのは、足元の需要に応えなければならないからです。ところが、リーマンショックで需要が大きく損なわれた。これは、工場を閉鎖する絶好のチャンスなのです。むしろ、このタイミングで閉鎖しなければ、大きなリスクを抱えることになる。なぜなら、リーマンショックから世界経済が立ち直って、タイヤの需要が元に戻れば、国際競争力が低い工場を閉鎖することができなくなり、再び稼働させなければならなくなるからです。

だから、私は、リーマンショックが終わらないうちに工場閉鎖と新増設をやらなければという一種の焦りがありました。しかし、私の要請を待たずとも、現場のＣＥＯから続々と計画前倒しの提案が寄せられたのです。

ここに「機能する計画」の神髄があります。

もしも、私たちが中期経営計画を策定していなければどうなったでしょうか？いくら私がトップリーダーだといっても、業績に大きな影響を与える工場閉鎖を強引に推し進めるのには無理がある。結果、全社を巻き込んだゼロベースの議論をしなければなりませんから、リーマンショックが起きた絶好のタイミングに即断することは不可能。要するに、それではリーダーシップを発揮することができない、ということです。

しかし、私たちは、すでに侃々諤々《かんかんがくがく》の議論の末、中期経営計画において工場の閉鎖について共通認識をもっていました。しかも、実施にかかる予算等もかなり固めていますから、「計画を前倒しにする」ということさえ社内で確認できれば、即座に実行に移すことができるわけです。

計画とは、一度決めたらそれを厳守するのが目的ではなく、むしろ、変化に即応するためにこそあるものです。そして、この計画を適切な形で現場と共有しておくことが、いざというときに強烈なリーダーシップを発揮することに繋がるのです。

もちろん、このタイミングでは経営の数字は極端に悪化します。

足元の需要が大きく落ちているうえに、工場閉鎖に多大なるコストを支払うのです。下手をすれば、ブリヂストン上場以来初の「赤字転落」の可能性も指摘されました。

しかし、ここで私が恐れたのは、まず第一に、「赤字」を避けるために工場閉鎖に手心を加えることです。それは、ブリヂストンの将来のために最悪の選択だからです。

そして、もうひとつは「数字」をごまかすことです。

社長が「絶対に赤字にはするな」などとプレッシャーを現場に与えれば、粉飾まがいのことに手を出さざるを得なくなるかもしれない。それがいかに恐ろしいことかは、過去幾多の企業の粉飾疑惑がもたらした結果を思い浮かべればわかることです。

だから、私は、あえて「赤字になってもかまわない」と明言。社員たちの奮闘のおかげで、最終的には「赤字転落」を免れることができましたが、それよりも重要だったのは、リーマンショックの期間に、一気に工場再編を成し遂げることだったからです。そして、その結果、ＲＯＡ６％という目標を達成し、「増益体質」と「成長体質」をあわせもつ事業基盤を築くことができたのです。

ここで強調しておきたいのは、リーマンショック後、本社のＣＥＯである私が特段の指示を出したというわけではないという点です。そうではなく、現場のＣＥＯたちが自主的に「計画の前倒し」を主張した。私は、それを追認しただけなのです。

いわば、私は何もしなかった。しかし、それが私にはとても嬉しく、心強かった。なぜなら、中期経営計画を策定する過程で「あるべき姿」を共有した現場のＣＥＯたちが、自らリーダーシップを発揮して大事業を成し遂げてくれたからです。私は、これこそが真のリーダーシップではないかと思うのです。

次世代に「美田」を残す。

25

Leadership

優れたリーダーは、「何もしていない」ように見える

リーダーはプレイヤーではありません。

当然のことです。プレイするのはメンバーであり、彼らが思う存分活躍することによって「結果」は生み出されるのです。つまり、リーダーは「1円」も稼いでいないということ。いわば、リーダーは直接的に「結果」に繋がることは何ひとつしていないと言ってもいい。いや、優れたリーダーは、一見したところ何もしていないように見えるものなのかもしれません。

だから、口には出さずとも、現場で一生懸命汗をかいて「結果」を出してくれているメンバーに感謝の気持ちをもたなければならない。これは、リーダーがリーダーとして機能するために、きわめて重要なことがらです。

ただし、リーダーが「1円」も稼いでいないことは、決してネガティブなことではありません。むしろ、現場のことは現場のオーナーシップに任せることが重要。リー

ダーがしなければならないのは、現場が活躍しやすいように、あるいは、現場ができるだけ簡単に「結果」を出せるように、最適な「条件」を整えることです。そのことを忘れて、むやみに現場に手を突っ込むような真似をするのは現場にとっては迷惑。リーダーシップを損ねる結果を招くのです。

だから、私はこう確信しています。

経営とは「形」をつくることだ、と。

戦略の「形」を整え、組織の「形」を整え、事業の「形」を整える。そして、現場のメンバーが士気高く、伸び伸びとプレイできる環境を整え、全体が有機的に機能する「エコシステム」をつくり上げることこそが、経営なのです。

そして、その結果、業績が上がれば、第一に称賛されるのは素晴らしいプレイをしてくれた現場のメンバーです。そこでリーダーがしゃしゃり出る必要などありません。それは、むしろぶざまというべきでしょう。しかし、そんなプレイヤーがたくさん登場してくれれば、自然とリーダーとしての実績も上がります。それを感謝の気持ちをもって受け止めればいいのだと思うのです。

自分という存在は、「大河の一滴」にすぎない

そして、この「形」というものは代々引き継がれていくものです。

ブリヂストンCEOのときに、ささやかなことではありますが、しみじみと喜びを感じたことがあります。

かつてお世話になったタイ・ブリヂストンのことが話題になったときのことです。ひょんなことから、現地で採用されている勤怠管理システムを見せてもらったのですが、驚くべきことに、私が入社2年目のときにつくったシステムが「ひな形」になっていたのです。もちろん、電子化されていましたし、入力項目もさらにブラッシュアップされていましたが、その原型は、何十年も前に私がつくったものだった。これは、素直に嬉しいと感じたものです。

同時に、改めてこう思いました。

自分という存在は「大河の一滴」にすぎない。石橋正二郎がブリヂストンを創業し

て以来、数多くの先人たちが営々とつくり上げてきた「形」のうえに乗っかって仕事をさせていただいてきたのだ、と。

私が入社2年目でつくった勤怠管理システムのようなミニマムな「形」から、家入さんが決断したファイアストン買収によって生まれた巨大な経営の「形」まで、「あるべき姿」をめざして無数の改善・改革が積み重ねられて、現在のブリヂストンという会社の「形」が出来上がっているのです。私なりに、よりよい「形」をつくり上げるために努力してきたつもりですが、「大河の流れ」を考えれば、それは取るに足らないもの。社長であろうが平社員であろうが、「大河の一滴」にすぎないのです。その謙虚な気持ちを忘れてはならないと思うのです。

大事なのは、先人が築いてくれた「形」に対する感謝の気持ちと、その「形」をよりよいものへと育て上げて次世代に引き継ぐことです。

間違っても、先人が築いてくれた「形」に乗っかって、そこで取れる果実を全部刈り取って、次世代に引き継いだときには〝荒れ野〟になっていた、などということをしてはならない。ましてや、社長在任中の業績を〝自分の手柄〟として喧伝《けんでん》するなどもってのほか。在職中の業績に対する全責任を負う必要はありますが、それは当然のこととして、それ以上に次世代に「美田」を残すことに注力すべきです。それが、「大河の一滴」として果たすべき役割だと思うのです。

自分が〝汚名〟をかぶっても、やらなければならないこと

だから、ブリヂストンのCEOとして、至らない点は多々あるかと思いますが、私なりに「美田」(「成長体質」と「増益体質」をあわせもつエコシステムの事業体)を残すために努力をしてきたつもりです。

「美田」には2種類あります。ひとつは、先人が営々と築き上げてきてくれた「美田」。もうひとつは、自分の代で耕した「美田」。リーダーは、このふたつの「美田」を常に意識しなければなりません。

まず、先人が耕した「美田」。そもそも、私自身が先達の社長が営々と築き上げてきた「美田」を与えられた存在です。創業者である石橋正二郎はきわめて先見性に富んだ人物で、創業当時から常に世界を視野に思考と実践を積み重ねてきました。それ以来、「大河の流れ」のように、代々の社長が世界へのチャレンジを続け、「あるべき

姿」に近づけようと努力を続けてきたのです。

その「美田」を決して傷つけるようなことをしてはならない。先人の苦労を思えば、それは当然のことだと思います。そして、何よりも、少しでもよりよい「美田」にして、次世代に引き継がなければならない。それこそが、私自身が「美田」を与えられたことに対する、感謝の表現だと思ったのです。

「名実ともに世界ナンバーワン企業」になるために、創業以来最大規模の組織改革に取り組んだのもそのためです。

ファイアストンの買収をはじめ、先人は次々と世界中にブリヂストンの事業基盤を広げてきました。だからこそ、世界トップシェアの座を奪還することができたわけです。ただ、次々と増設してきたがために、グローバル経営に適した組織としての「形」は十分には整っていませんでした。であれば、それが私の仕事だと考えました。

本来、お客様の立場から考えれば、タイヤ・メーカーの組織は、品種ごとに整理するのが利便性が高いのですが、私の在任中にそこまで持っていくのは困難と判断。そこで、日本、アメリカ、ヨーロッパ、中国、アジア大洋州、中近東・アフリカの6つの地域と、特殊タイヤ事業と化工品事業の2つの分野で合わせて8つのユニットに再編することにしました。

さらに、これら８つのユニットがマーケットで事業活動を行い、「利益」を生み出す最重要の組織であることを明確にするとともに、それらをサポートするために本社とグローバル経営プラットフォーム（８つのユニットのマネジメントをサポートする組織）を設置。従来の組織図を大きく刷新したのです。

これは、いわば先人が耕した「美田」を、私の代でさらに耕したものですが、私は、それに加えて、もうひとつの「美田」、すなわち、私の代で新たに「美田」を耕すことをめざしました。それが、すでに述べた、工場の統廃合・新設など供給体制の「形」、長期的な研究開発への投資による事業戦略の「形」、中期経営計画の導入などマネジメント・システムの「形」を整えるでした。さらに、企業理念の改訂、管理体制・ガバナンス体制の強化、ＣＳＲ（企業の社会的責任）活動、環境活動なども含めて、グローバル企業にふさわしい経営体制の「形」を構築すべく努力したのです。

「リーダーの評価」は、その座を去ってから定まる

そして、リーマンショックが起きたときには「赤字転落」をしてでも、「形」を整

えることを優先しました。上場以来、一度も「赤字転落」をしたことのなかったブリヂストンで、もしも「赤字」に転落すれば、社長として〝汚名〟をかぶることにはなります。しかし、格好をつけるようで気恥ずかしいですが、そんなことよりも、将来に「美田」を残すことこそが自分の役割だと割り切ったわけです。

もちろん、私が本当に「美田」を残すことができたかどうか、それは後世が評価することです。私としては、2種類の「美田」を残すためにあらゆることを考えて最善の手を打ってきたつもりですが、もしかすると、「荒川は禍根《かこん》を残した」と評されるかもしれない。なにしろ小心者ですから、そんな不安がないと言えばウソになります。

しかし、これだけは言えると思っています。在任中の業績が、リーダーの真価とは限らないのだ、と。だから、在任中に刈り取れるだけの「数字」を刈り取るようなことだけはしてはいけない。その結果、必ず次世代は〝荒れ野〟で苦労を強いられるからです。

周囲は〝目先の数字〟を評価して、現職リーダーを賞賛するかもしれませんが、それに惑わされてはなりません。リーダーたるもの、「大河の一滴」に徹し、次世代に「美田」を残すために、すべてを捧げるべきです。リーダーの評価は、その座を去ってから定まるのです。

あとがき

繊細であること——。

私は、これこそが優れたリーダーになる条件だと考えています。

無数の細い糸を織り込み、強い力で引き締めることによって、強靭《きょうじん》な縄がつくられるように、「繊細さ」「小心さ」「臆病さ」など一見ネガティブな性質を束ねてこそ、本当の意味で「強靭なリーダーシップ」は生まれるのです。

つまり、課長や部長になって、「自分に務まるだろうか……」と不安を覚えるくらいの人のほうが優れたリーダーになる可能性を秘めているということ。そんな思いを抱えている現役世代の皆さんを勇気づけたいと思って、僭越ながら本書を書いた次第です。

ただし、「小心さ」や「繊細さ」は優れたリーダーになるための素材にすぎないとも言えます。重要なのは、「それらをいかに束ねるか？」ということ。ここに最大のポイントがあるのです。

では、どうすれば束ねることができるのか？

本書を書き進みながら、このことをずっと考え続けてきたのですが、いつも脳裏に浮かぶ人物がいました。超一流のＦ１ドライバーであるミハエル・シューマッハです。私がＣＥＯを務めていたときにブリヂストンはＦ１から撤退したのですが、私自身は大のＦ１ファン。なかでも、シューマッハのドライビング・テクニックには惚れ込んでいました。

そして、これを役得というのでしょうが、ブリヂストン・ヨーロッパのＣＥＯだったころ、何度かシューマッハとともに過ごす機会がありました。その姿を見て、ひとりの人間として背筋を正される思いがしたものです。

明らかにマシンの不具合によって負けたときも、彼は一度もマシンのせいにしようとはしなかった。そして、最高のレースをして勝利を収めたあと、他のレーサーがレース場を去ったあとも、マシンについて１００％納得できるまで技術スタッフと議論を重ねるとともに、レースでボロボロになったタイヤの状態を黙々とチェックし続けていました。彼は天才的なドライバーでしたが、その天才性を生んだのは努力であることを目の当たりにしたのです。

彼は、まさにプロフェショナルでした。

彼が思い描く「理想のドライビング」を実現するために、できうる限りの合目的的な努力をする。うまくいかなかったときも、「誰か」のせいにするのではなく、常に「自分の問題」として改善を続ける。0・01秒を競い合うとともに、ほんの少しのミスが命にかかわる事故を招くF1です。彼は、鋭敏に研ぎ澄まされた「繊細さ」をもって、自分の理想を実現するために、常に真剣勝負をしていたのです。

そして、彼は常に仲間に対する配慮を忘れない人物でもありました。だからこそ、彼の「理想のドライビング」を求めて不断の努力をする姿に共感するメンバーは、きわめて高いモチベーションでチームワークを発揮していたのでしょう。彼はF1レーサーでしたが、もしもビジネスの世界に飛び込んでいたら、非常に優れた経営者になったに違いないと思ったものです。

だから、「繊細さ」を束ねるのはプロフェショナリズムだと思うのです。

私が思うプロフェショナリズムとは、「理想」を実現するために合目的的に必要なありとあらゆる努力をする精神。この精神が発揮されたとき、私たちの心に備わっている「繊細さ」「小心さ」などが総動員されると思うのです。

そして、プロフェショナリズムの源泉は、「理想を実現したい」という願いです。この思いの強弱が、プロフェショナリズムの有無を決定づけるのです。だから、「こんな仕事がしたい」「こんな会社にしたい」「こんな世の中にしたい」という心の底にある思いを何よりも大切にしてほしい。そして、その理想を実現するために、合目的的に努力する。そのとき、あなたの「繊細さ」は自然と束ねられ、「強靭なリーダー」へと成長し始めるのです。

最後に、ひとつ釈明をしておきたいと思います。

本書のタイトルに「優れたリーダー」という言葉を使いましたが、私自身が「優れたリーダー」だったかどうか、私には判定不能です。私なりに自分にできる最善の努力をしたのは確かですが、そこにリーダーシップがあったかどうかは周囲の人が判断することだからです。

ただ、これまで実に多くの「優れたリーダー」と接してきて、皆さんがよい意味で小心者だったと確信しています。企業経営者だけではありません。

平社員であろうが、主婦であろうが、現役を引退した高齢者であろうが、どこにでも「優れたリーダー」はおられます。そして、彼らはみな、自分の理想を周囲の人と協調しながら実現しようと、実にいきいきと生きておられる。私も彼らの輪に加わりつつ、人生をまっとうしたいと思っています。

また、私は、ブリヂストンで、先輩、同僚、後輩のみならず、他社の関係者にもものすごく恵まれました。皆さんのご指導やサポートを得られたからこそ、仕事を心から楽しみ、多くの理想を達成することができ、豊かな会社人生を送ることができました。深く御礼をお伝えしたいと思います。

そして、仕事に夢中になることを許してくれた家族も、いくら感謝してもしきれません。海外赴任が多かったこともあり、つらい思いをさせたにもかかわらず、いつも温かく応援してくれました。その家族の存在に支えられて、私は今日まで生きてくることができました。

よい人生を送ることができたのは、皆さんのおかげです。

ほんとうにありがとうございました。

2017年9月

荒川詔四

荒川詔四（あらかわ・しょうし）

世界最大のタイヤメーカー株式会社ブリヂストン元 CEO。
1944 年山形県生まれ。東京外国語大学外国語学部インドシナ語学科卒業後、ブリヂストンタイヤ（のちにブリヂストン）入社。タイ、中近東、中国、ヨーロッパなどでキャリアを積むほか、アメリカの国民的企業ファイアストン買収時には、社長秘書として実務を取り仕切るなど、海外事業に多大な貢献をする。
タイ現地法人 CEO としては、国内トップシェアを確立するとともに東南アジアにおける一大拠点に仕立て上げたほか、ヨーロッパ現地法人 CEO としては、就任時に非常に厳しい経営状況にあった欧州事業の立て直しを成功させる。
その後、本社副社長などを経て、同社がフランスのミシュランを抜いて世界トップシェア企業の地位を奪還した翌年、2006 年に本社 CEO に就任。「名実ともに世界ナンバーワン企業としての基盤を築く」を旗印に、世界約 14 万人の従業員を率いる。
2008 年のリーマンショックなどの危機をくぐりぬけながら、創業以来最大規模の組織改革を敢行したほか、独自のグローバル・マネジメント・システムも導入。また、世界中の工場の統廃合・新設を急ピッチで進めるとともに、基礎研究に多大な投資をすることで長期的な企業戦略も明確化するなど、一部メディアから「超強気の経営」と称せられるアグレッシブな経営を展開。その結果、ROA 6％という当初目標を達成する。
2012 年 3 月に会長就任。2013 年 3 月に相談役に退いた。キリンホールディングス株式会社社外取締役などを歴任。

優れたリーダーはみな小心者である。

2017年 9 月21日　第 1 刷発行
2024年10月 7 日　第14刷発行

著　者——荒川詔四
発行所——ダイヤモンド社
〒150-8409　東京都渋谷区神宮前6-12-17
https://www.diamond.co.jp/
電話／03･5778･7233（編集）　03･5778･7240（販売）
装丁————奥定泰之
DTP————NOAH
製作進行——ダイヤモンド・グラフィック社
印刷————堀内印刷所（本文）・加藤文明社（カバー）
製本————ブックアート
編集担当——田中 泰

ISBN 978-4-478-06696-6